Margaret Tudor

Eine Romanze aus dem alten St. Augustine

Annie T. Colcock

Writat

Diese Ausgabe erschien im Jahr 2024

ISBN: 9789359948867

Herausgegeben von
Writat
E-Mail: info@writat.com

Nach unseren Informationen ist dieses Buch gemeinfrei.
Dieses Buch ist eine Reproduktion eines wichtigen historischen Werkes. Alpha
Editions verwendet die beste Technologie, um historische Werke in der gleichen
Weise zu reproduzieren, wie sie erstmals veröffentlicht wurden, um ihre
ursprüngliche Natur zu bewahren. Alle sichtbaren Markierungen oder Zahlen
wurden absichtlich belassen, um ihre wahre Form zu bewahren.

Inhalt

NOTIZ.

Die Namen von Mr. John Rivers, – Verwandter und Agent von Lord Ashley, – Dr. Wm. Scrivener und Margaret Tudor erscheinen in der Passagierliste der *Carolina* , wie in den Shaftesbury Papers (Collections of the South Carolina Historical Society, Bd. V, Seite 135) angegeben. Darin (Seite 169) findet sich ein kurzer Bericht über die Gefangennahme von Herrn Rivers, Kapitän Baulk, einigen Seeleuten, *einer Frau und einem Mädchen in Santa Catalina* ; außerdem (Seite 175) Erwähnung der erfolglosen Botschaft von Herrn Collins; und (Seite 204) das Denkmal für den spanischen Botschafter, das sich auf die Übergabe der Gefangenen bezieht, von denen eine als *Margaret* , vermutlich Margaret Tudor, bezeichnet wird.

Die Namen der beiden Spanier, Señor de Colis und Don Pedro Melinza , erscheinen jeweils einmal in den Shaftesbury Papers (Seiten 25 und 443): Die letztere Person war offensichtlich eine Person von einiger Bedeutung in San Augustin; Ersterer war im Jahr 1663 „ Gouverneur und Generalkapitän, Kavalier und Ritter des St.-Jakobs-Ordens".

ANNIE T. COLCOCK .

DIE GESCHICHTE VON MARGARET TUDOR

KAPITEL I.

San Augustin , diesen 29. Juni, Anno Domini 1670.

Seit Beginn unserer Gefangenschaft ist nun mehr als ein Monat vergangen, und die Wahrscheinlichkeit, dass sie bald zu Ende geht, ist gering, obwohl ich , da ich selbst bei guter Gesundheit bin und in einem Alter bin, in dem die Hoffnung langsam schwindet, nicht daran zweifele, mich zu erholen sowohl Freiheit als auch Freunde. Doch für den Fall unserer weiteren Inhaftierung, einer Krankheit oder eines anderen Übels, das mir widerfahren könnte – und eines ist bedrohlich –, schreibe ich diese Seiten der wahren Geschichte und bete, dass sie eines Tages in die Hände meines Vormunds und Onkels gelangen. Dr. William Scrivener, falls er noch lebt und in dieser Gegend wohnt. Sollten sie stattdessen zufällig auf die Augen einer freundlich gesinnten Person englischen Blutes und protestantischen Glaubens stoßen, der der Name William Scrivener unbekannt ist, flehe ich ihn an, sie jeder Person zu übergeben, die mit der Schaluppe *Three Brothers fährt* , die … brach am 2. November letzten Jahres von der Insel Barbadoes auf – im Dienst von Sir Thomas Colleton und beförderte Fracht und Passagiere für diese Küsten.

Wenn die Schaluppe ein Missgeschick erlitten hat (was, wie ich fürchte, nicht unwahrscheinlich ist, entweder durch die Spanier oder durch die Indianer dieser Gegend, die sich gegenüber allen Engländern äußerst unfreundlich zeigen, weil sie von der Schaluppe zu Unheil verleitet wurden). Spanische Brüder), dann bete ich, dass die Nachricht an Seine Lordschaft, den Herzog von Albemarle und andere der Lords Proprietors weitergeleitet werden möge, die eine Flotte von drei Schiffen in Auftrag gegeben und ausgestattet haben, nämlich die *Carolina* , die *Port Royal* und die *Albemarle* , das im August letzten Jahres in den Downs den Anker lichtete und sich auf den Weg machte, eine englische Kolonie in Port Royal zu gründen.

Insbesondere würde ich darum bitten, dass die Nachricht Lord Ashley erreicht, da sein Verwandter, Mr. John Rivers, hier als Gefangener in erbärmlichem Zustand und mit Ketten beladen im Kerker des Schlosses festgehalten wird – möge mir Gott verzeihen in gewissem Maße schuld; Und doch, da es dem Himmel gefallen hat, mir das schöne Gesicht zu schenken, das das Unheil angerichtet hat, halte ich mich umso weniger schuldig und trauere umso bitterer, da ich ihn mit der wahren Liebe einer Magd liebe und bereitwillig mein Leben geben würde, um ihn zu verschonen verletzt.

Wenn es so wäre, dass ich die wahre Geschichte unserer gegenwärtigen Not und ihren Verlauf wiedergeben könnte, ohne die Geschichte durch die Erwähnung meines eigenen Namens zu erschweren, würde es mir am besten gefallen; Aber da es sich bei den Lesern möglicherweise um Fremde handelt, erzähle ich meine Geschichte besser von Anfang an.

Von mir selbst genügt es zu sagen, dass mein Name Margaret Tudor ist, und bis auf meinen Onkel, Dr im Dienst von König Charles, da er einer jener unglücklichen Royalisten war, die im Jahr 1955 die Rückkehr Seiner Majestät planten. Denn als Cromwell ihre Pläne entdeckte, bevor sie völlig ausgereift waren, wurden viele gefangen genommen, von denen einige den Tod erlitten und andere verbannt wurden. Zu den Letzteren gehörte mein Vater, der aus den Armen seiner jungen Frau und seines kleinen Kindes gerissen und in die Sklaverei nach Barbados geschickt wurde . Wir konnten nichts über sein weiteres Schicksal erfahren, obwohl viele Nachforschungen in seinem Namen angestellt wurden.

Und so kam es , dass ich, nachdem meine Mutter sich auf den Weg gemacht hatte, mit meinem Onkel, Dr. William Scrivener, an Bord der *Carolina* fuhr , mit der Absicht, in Barbados anzuhalten und dort nach meinem armen Vater zu suchen die Hoffnung, dass er noch lebte.

Unter den Passagieren der *Carolina* befand sich Lord Ashleys Verwandter und Agent, Mr. John Rivers, über den ich nichts sagen kann, was angemessen erscheint; Denn obwohl es in dieser großen Welt vielleicht auch andere Männer mit ebenso schönem Aussehen, ebenso edler Miene und ebenso tapferem und zärtlichem Herzen gibt, war es bisher nicht mein Schicksal, ihnen zu begegnen.

Gemeinsam segelten wir drei Monate lang auf der großen Tiefe, in der Gefahr von Piraten, in der Gefahr von Stürmen und in langen Stunden goldener Ruhe, als das Wasser um uns herum blau brannte und der weite Himmel blass und klar über unseren Köpfen leuchtete. Und in dieser ganzen Zeit haben wir uns gut kennengelernt; und Mr. Rivers hörte die Geschichte meines Vaters und versprach, uns bei unserer Suche zu helfen.

Es war Oktober, als wir Barbados erreichten und landeten. Über die Neuigkeiten, die wir erhielten, und den seltsamen Zufall, der sie uns zu Ohren brachte, ist es unnötig, hier zu sprechen. Es genügt, dass mein lieber Vater nicht lange litt, da der Tod ihn bald von seiner Knechtschaft befreite.

Barbados festzuhalten , also gaben wir der Überzeugung von Mr. Rivers nach, dass wir die Expedition nach Port Royal fortsetzen sollten; und im November segelten wir erneut mit der *Three Brothers* , einer Schaluppe, die als Ersatz für die *Albemarle gemietet worden war* , die infolge eines Kabelbruchs in einem Sturm an Land getrieben und auf den Felsen verloren gegangen war.

Um der Wahrheit willen muss ich von nun an etwas über meinen Verkehr mit Mr. Rivers erzählen. Es mag scheinen, dass es mir an der nötigen Bescheidenheit mangelt, wenn ich erkläre, dass zwischen uns schon damals mehr als nur Freundschaft bestand. Aber sicherlich gab es genug Gründe, die es zu ersparen galt. Dass ich ihn lieben sollte, war kein Geheimnis – er ist der galante Gentleman, der er ist; und da sich auf dem Schiff zufällig kein anderes Dienstmädchen im richtigen Alter und in gutem Zustand befand, lag es meiner Meinung nach in der Natur, dass er aus der wenigen Gesellschaft, die er hatte, das Beste machen sollte. Aber nein, ich würde meinem eigenen Glauben verfallen, wenn ich bezweifeln würde, dass es vom Himmel vorherbestimmt war, dass wir zusammenkommen und einander lieben sollten.

Es ist wahr, dass ich diesen Glauben erst gestanden habe, als ich meinen Möchtegern-Herrn mit allen Neckereien gequält hatte, die mir in den Sinn kamen. Doch obwohl er oft stundenlang niedergeschlagen war, gab er mir zu verstehen, dass er mein Herz in meinen blauen Augen lesen konnte.

„ Wenn Sie bei Ihrer Seele schwören würden, dass Sie mich hassen, liebe Dame, würde ich es nicht glauben", sagte er einmal. „Herrin Margaret kennt sich zu wenig mit städtischen Sitten und oberflächlichen Koketterien aus, um eine Rolle zu spielen – und deshalb liebe ich sie so sehr." Und obwohl es mich wütend machte, dass er meine Unschuld und mein ländliches Auftreten lobte, wusste ich, dass er die Wahrheit sagte und dass eine Zeit kommen würde, in der ich meine Liebe zu ihm eingestehen würde. Und so geschah es.

Achtundvierzig Stunden lang wütete ein schrecklicher Sturm. Es hatte wilde, schwarze, schreckliche Nächte und düstere Tage gegeben, als die grauen Vorhänge des Himmels auseinandergerissen wurden und in tintenschwarzen Falten über uns wirbelten, während ihre zerfetzten Fransen das Meer peitschten und unsere zerbrechliche Rinde peitschten, bis sie schlich und kauerte. wie ein geschlagener Hund, der vergeblich nach Gnade sucht. Wir waren weit von unserem Kurs nach Norden abgedriftet, unsere beiden Gefährten waren verschwunden, und wir hatten die Hoffnung schon fast aufgegeben, als mit Anbruch des dritten Tages der Wind nachließ und wir durch die zerrissenen Wolken den blauen Bogen des Himmels hoch oben sahen über uns.

Ich war allein auf das Deck geklettert; und aus einer geschützten Ecke sah ich, wie die Sonne aufging und einen fernen Küstenstreifen westlich von uns vergoldete. Es schien eine Vision eines neuen Himmels und einer neuen Erde zu sein, und ich dankte Gott. Dann berührte eine Hand meine und eine Stimme flüsterte meinen Namen – und andere Worte, die hier nicht aufgezeichnet werden müssen; und ich konnte nichts leugnen, weil mein Herz zu voll war.

KAPITEL II.

DAS Land westlich von uns war Virginia, und wir suchten den Hafen in Nancemund auf und lagen dort einige Wochen wegen notwendiger Reparaturen an der Schaluppe, die auch für ihre weitere Reise neu bestückt war.

Es war damals der Monat Februar; Wir waren sechs Monate unterwegs und das gelobte Land war noch immer weit entfernt.

Da meine Geschichte jedoch zu sehr in die Länge gezogen werden muss, muss ich mich mit der Geschichte unserer Gefangenschaft beeilen.

Trotz recht gutem Wetter überquerten wir auf unserem Weg nach Süden irgendwie den Breitengrad des Hafens von Port Royal ; und an einem Samstag im Mai – dem fünfzehnten Tag des Monats – gingen wir auf einer kleinen Insel an der Küste vor Anker, um Holz und Wasser für den Bedarf der Schaluppe zu besorgen.

Diese Insel liegt im Territorium der Spanier, die ihr den Namen Santa Catalina gegeben haben. Es liegt einige Tagesreisen nördlich von San Augustin, den genauen Breitengrad kenne ich nicht, obwohl ich es mehr als einmal gehört habe; Aber es gibt Dinge, die nie im Gehirn einer Frau bleiben.

Hier erschienen viele Inder, die zunächst nicht unfreundlich wirkten und in spanischer Sprache Willkommensworte auf uns richteten.

An Bord der Schaluppe wurde viel Handel betrieben, und die Barbaren schienen sich seltsamerweise mit dürftigen Perlenketten und den abgelegten Gewändern der Mannschaft zufrieden zu geben, stattdessen gaben sie gutes Futter und weich und fein gekleidete Felle wilder Hirsche.

Am zweiten Tag unseres Aufenthalts ging Mr. Rivers mit dem Schiffskapitän und drei Seeleuten mit den Dingen, die die Indianer wünschen, an Land, um sie gegen Schweinefleisch und andere Lebensmittel einzutauschen. Und da es Montagmorgen war, sehnte sich Dame Barbara danach, ihre Wäsche abzuholen und mitzugehen, in der Hoffnung, weicheres Wasser zum Reinigen der Wäsche zu finden.

Es war früher Morgen; Die Brise vom Land wehte süß und duftend, und die Wälder jenseits des Sandstrandes erblühten in neuem Laub, grün und zart. Ich sehnte mich nach dem Duft der warmen Erde und dem melodischen Werben der Vogelliebhaber im Dickicht; Also betete ich meinen Onkel, er möge mich mit der Dame an Land gehen lassen. Er stimmte bereitwillig zu; Aber Mr. Rivers, der immer zu sehr auf meine Sicherheit bedacht ist, riet mir eindringlich, das Schiff nicht zu verlassen.

Ich war immer ein eigensinniges Dienstmädchen, und der Sonnenschein und der Duft ferner Blumen hatten mich vor Sehnsucht fast wild gemacht; Deshalb tadelte ich ihn rundheraus für seine Vorsicht und warnte ihn fröhlich, er solle sich in Acht nehmen, wie er versuchte, einem freien Vogel die Flügel zu stutzen. Also ging ich, obwohl er lächelte und den Kopf schüttelte; und als wir uns alle an der Wasserstelle trennten, schien er immer noch unruhig zu sein, und als ich zum Abschied winkte, blickte er über seine Schulter zurück und bat mich, nicht weiter vom Ufer wegzuwandern.

Die kleine Quelle, an der sie uns zurückgelassen hatten, entsprang kalt und klar am Fuße einer hohen Zypresse und tröpfelte von dort in einem winzigen Bach, einem bloßen Kristallfaden, der sich in dem niedrigen Busch verheddere und sich seinen Weg schlängelte hilflos durch das ebene Waldland, als suche er nach einem sanften Abhang, der ihn zum Meer führen würde.

Die Dame spülte ihre Wäsche, bis sie einigermaßen glänzte, und breitete sie zum Trocknen in einer sonnigen Ecke aus; während ich bäuchlings auf der warmen Erde lag und die feuchten braunen Blätter aufwirbelte, die in eine winzige Mulde gewandert waren, und unter ihnen eine kleine grüne Ranke mit kleinen weißen Sternblumen entdeckte, die zur Sonne und zu mir aufblinzelte. Und ich träumte von dem neuen Zuhause, das wir uns in diesem fernen Land schaffen würden, und von der sehr guten und fügsamen Ehefrau, die ich meiner lieben Liebe sein würde. Dann erhob ich mich endlich vom Boden – weil mir die Aussicht auf meinen künftigen sehr großen Gehorsam überdrüssig wurde und weil ich auch dachte, es sei höchste Zeit, dass mein tapferer Herr zurückkäme, um mich zu fragen, wie es mir ergangen sei begann und weckte die Dame aus einem süßen Nickerchen.

„Sehen Sie, Barbara! Das Leinen ist trocken; die Sonne neigt sich dem Westen zu, und die Schatten werden immer länger. – Es ist sehr seltsam, dass Mr. Rivers und der Meister nicht zurückgekehrt sind!"

„Vielleicht haben sie uns völlig vergessen und sind allein zum Schiff zurückgekehrt", stöhnte die alte Frau, rieb sich die schläfrigen Augen und begann sofort, nach Art ihrer Klasse Unglück zu krächzen.

Eine solche Idee war unvorstellbar und brachte mich zum Lächeln. Ich legte meine hohlen Handflächen hinter meine Ohren und lauschte.

Meister Wind, der durch die Baumwipfel schritt, hatte jedes Blatt zum Flüstern und Nicken gebracht, um seinen Gerüchten zuzustimmen – so wie der Hausierer auf seinem Weg durch das Dorf zu Hause alle Frauen dazu anregt, über die neuesten Nachrichten zu plaudern aus dem ganzen Land. Im Dickicht neben uns zwitscherte ein Chor gefiederter Sänger, jeder versuchte, seinen Nachbarn zu übertrumpfen ; aber ein frecher Kerl spielte die fröhlichste Melodie von allen und mischte in einem köstlichen Medley die süßesten Noten aller anderen. Plötzlich, während ich zuhörte, ertönte ein leises Rascheln im Unterholz, und aus einem Myrtenbüschel hüpfte ein kleines braunes Kaninchen, das einen erstaunten Blick auf mich richtete und mit einer Reihe lautloser Sprünge und einem erschrockenen Rascheln wieder verschwand von seinem kleinen weißen Schwanz. Daraufhin brodelte das Lachen in meiner Kehle; Ich ließ meine Hände sinken und drehte mich zu der Dame um.

„Sammle deine Wäsche, gute Barbara, und lass uns den Weg auf eigene Faust erkunden. Sie machen zweifellos irgendwo im Wald dahinter ein Picknick, und es ist sehr unhöflich, uns nicht zur Unterhaltung einzuladen."

Sie hätte zunächst Einwände erhoben: Die Wäsche dürfe nicht zurückgelassen werden und sei dennoch zu schwer zum Tragen; Ihr Rücken war müde und sie sehnte sich danach, in Frieden zu ruhen. Aber Herrin Margaret war entschlossen, ihren eigenen Weg zu gehen, und indem sie das Bündel in zwei Teile teilte, ging sie mit dem größeren Teil davon voran; so dass, wird sie, nicht sie, die Dame folgen muss.

Ich wusste natürlich, dass ich Mr. Rivers' letzter Anweisung nicht gehorchte, und dieser Gedanke war es genauso wie die süße Waldluft, die mich weiter lockte: Ich wünschte mir vor allem, das Gesicht meines galanten Herrn zu sehen, wenn Er entdeckte meine Eigensinnigkeit . Also eilte ich vorwärts und hielt ab und zu inne, um die gute Dame zu ermutigen und sie noch weiter mit leuchtenden Beschreibungen neuer Schönheiten zu locken, die gerade in Sicht kamen.

Es kam daher vor, dass ich etwa vierzig Schritte vor ihr war, als ich plötzlich auf die Indianersiedlung stieß und dort einen Anblick sah, der mir das Herz stehen ließ.

Ich zog mich hastig hinter den Stamm einer weit verzweigten Eiche zurück, von wo aus ich – ungesehen, wie ich dachte – auf die Stadt blicken konnte.

Eine große Schar Barbaren versammelte sich auf dem offenen Platz vor dem Hauptgebäude, das von beträchtlicher Größe war, nach Art eines Taubenhauses rund gebaut und vollständig mit Palmblättern gedeckt war. Es war von vielen kleineren Gebäuden umgeben: eines hätte ich mir besonders gut notieren können; denn es handelte sich zweifellos um eine Art Wächter oder Wachturm, der auf hohen, aufrechten Balken stand, was ihm eine viel größere Höhe verlieh als alle anderen Teile des umliegenden Landes.

Ich hatte jedoch Augen für nichts außer einer Gestalt, die mit gefesselten Händen und Füßen am Fuß eines großen Holzkreuzes stand, das gegenüber dem Eingang des Hauptgebäudes aufgestellt war. Es war meine große Liebe – ich erkannte ihn sofort an der stolzen Haltung seines Kopfes und seiner

Schultern. Er sprach in seinem üblichen ruhigen und höflichen Ton mit dem Kreis der halbnackten Wilden, die ihm scheinbar mit respektvoller Rücksicht zuhörten, obwohl sie keine Anstalten machten, seine Fesseln zu lösen .

Neben ihm auf dem Boden lagen der Schiffskapitän, der alte Kapitän Baulk, und die drei Seeleute mit fest gefesselten Armen. In ihrer Nähe lag der Warenballen, der vom Schiff gebracht worden war: Er lag weit offen und wurde auf skrupellose Weise seines Inhalts beraubt.

Im Moment dachte ich, dass es der Anblick des ganzen Krams war, der in diesem Ballen enthalten war, der die Gier der Barbaren geweckt hatte; aber jetzt glaube ich anders. Die Wilden hätten sie bereitwillig bezahlt, mit Fellen und dergleichen, und dann unsere Männer in Frieden ziehen lassen, wenn nicht dieser sanftmütige Heuchler Ignacio dahinter gewesen wäre. Aber das war mir damals natürlich unbekannt.

Wie ein Blitz überkam mich die Idee, dass wir Hilfe zum Schiff holen sollten; und ich drehte mich schnell um und bedeutete der Dame, zu schweigen. Es war jedoch zu spät, denn sie hatte die Wilden und unsere in ihrer Mitte gefesselten Männer gesehen; Sie drehte sich mit einem schrillen Schrei nach rechts, warf das Wäschebündel weg und machte sich auf den Rückweg, den wir gekommen waren, mit einer Geschwindigkeit, die sie wahrscheinlich noch nie zuvor in ihrem Leben erreicht hatte. Ich eilte ihr nach und flehte sie an, still zu sein, damit die Barbaren uns nicht hören und überholen würden. Mein einziger Gedanke war, Hilfe zu rufen; denn obwohl es über zweihundert Indianer zu sein schien, glaubte ich, dass unsere Handvoll Männer, bewaffnet mit Musketen, Schwertern und Piken, ausreichen würden, um sie sofort in Angst und Schrecken zu versetzen.

Wir waren kaum hundert Meter den Weg hinunter gelaufen, als vier Wilde aus einem Dickicht traten und uns anfassten. Es besteht kein Zweifel, dass sie auf der Lauer gelegen hatten, also war es offensichtlich, dass wir schon vor einiger Zeit gesehen worden waren.

Barbara wehrte sich mit viel wildem Geschrei, aber ich gab schweigend nach. Es lag nicht daran, dass ich mutiger war als sie, sondern einfach daran, dass ich nicht glauben konnte, dass sie vorhatten, uns wirklich Schaden zuzufügen; und die ganze Zeit über war ich von dem Gedanken besessen, dass im Dickicht jemand stationiert war, der die Aktionen der Wilden lenkte. Mir kam es so vor, als ob sie, während sie unsere Arme hinter uns festschnürten, ihre Augäpfel immer weiter zu einem bestimmten Myrtenstrauch rollten, als warteten sie auf ein Stichwort.

Wir wurden sofort in die Stadt zurückgeführt, und ich werde nie den Gesichtsausdruck meiner lieben Geliebten vergessen, als er mich erblickte.

„Margaret – du auch! Ich hatte gehofft, dass du und die Dame in Sicherheit sind!" schrie er, als unsere Häscher uns an seine Seite führten.

„ Es war mein ganzer Willkür – ich bin hierher gekommen, um dich zu suchen", antwortete ich und ließ den Kopf hängen.

Er sah mich stumm an und wandte dann sein Gesicht ab; und ich sah, wie seine Arme sich in ihren Fesseln wanden. Ein seltsames Gefühl überkam mich, teils Scham und Trauer darüber, dass ich ihn so betrübt hatte, teils Jubel darüber, dass wir es – was auch immer unser Schicksal sein würde – zumindest Seite an Seite erleben würden. Angst hatte in meinen Gedanken den geringsten Platz, während ich atemlos auf den Ausgang dieser seltsamen Situation wartete. Mein Blick wanderte durch den Kreis der Barbaren und ich bemerkte mit einiger Verwunderung, dass viele Männer ihre Kronen rasiert trugen, nach der Art der Tonsur eines Priesters.

Einer von ihnen, der von größerer Bedeutung zu sein schien als die anderen, begann zu sprechen; aber ich konnte aus seiner Rede nichts machen, obwohl er viele Worte benutzte, von denen ich dachte, dass sie irgendwie spanisch klangen.

Doch seine Absicht wurde von Mr. Rivers ergründet, der ihm sofort die Antwort gab, die auf Spanisch verfasst und mit einiger Hitze und Empörung vorgetragen wurde.

Unter den Barbaren herrschte Aufregung, und schon bald erschien eine neue Gestalt auf der Bildfläche. Die rasierte Krone, die nackten Füße, das grobe Wollgewand , das mit einer geknoteten Kordel um die Taille befestigt war, alles deutete auf einen Mönch des Franziskanerordens hin.

„Also", murmelte Mr. Rivers leise, „jetzt haben wir es mit dem echten Chef zu tun."

Kaum weniger dunkel als die Indianer selbst war das dunkle Gesicht des spanischen Mönchs. Als er auf den offenen Raum vortrat, erhob er seinen Blick zu dem großen Kreuz, an dessen Fuß wir standen, beugte sofort das Knie und bekreuzigte sich. Einige wenige der Indianer trugen das Zeichen ebenfalls auf ihrer Brust, doch die meisten hielten sich mit der gleichen Gleichgültigkeit zurück, die sie von Anfang an gekennzeichnet hatte.

Mr. Rivers lachte leise und drehte sich mit kräuselnden Lippen zu mir um. „Das sind Christen", sagte er.

Der Spanier bemerkte das höhnische Grinsen, und auf seinem groben Gesicht zeichnete sich ein finsterer Ausdruck ab. aber er überprüfte es plötzlich und begann in sanftem Ton, uns anzusprechen.

Der alte Kapitän Baulk hatte sich in eine sitzende Haltung erhoben, und die Seeleute verhielten sich alle in einer Haltung angespannter Aufmerksamkeit.

„Was sagt er?" Ich fragte flüsternd meine liebe Liebe, als der Mönch aufgehört hatte und sich von uns abgewandt hatte.

„Nichts als ein Lügengewebe", rief Mr. Rivers mit zusammengebissenen Zähnen. „Er möchte uns glauben machen, dass er völlig unverantwortlich für die Taten dieser ‚Banditen' ist; aber er wird seinen Einfluss unter den Gläubigen seiner Herde nutzen, um unsere Freilassung zu erreichen – ich wünschte, wir wären unter die Ungläubigen gefallen! Das können sie." haben von ihrem Lehrer nichts anderes gelernt als Täuschung. Sie haben uns unter dem Vorwand unseres größten gegenseitigen Vertrauens dazu verleitet, unsere Waffen beiseite zu legen, und sind dann sofort über uns hergefallen und haben uns gefangen genommen."

„Ich wünschte, ich hätte zum Schiff zurückkehren und eine Warnung aussprechen können", seufzte ich traurig. „Doch vielleicht kommen einige von ihnen heraus, um nach uns zu suchen."

„Jetzt Gott bewahre es!" rief Mr. Rivers, „denn sie würden in eine Falle tappen. Einige dieser Indianer haben Musketen und Munition und sind daher genauso gut bewaffnet wie unsere Männer. Wenn viel mehr von uns gefangen genommen würden, gäbe es nicht genug wehrfähige Männer." Die Schaluppe zu segeln. „ Es wäre besser, wenn sie sich zurückhielten und darauf warteten, dass die Indianer die Initiative ergreifen. Meine Hoffnung ist, dass wir mit den Wilden um Lösegeld verhandeln können – das heißt, wenn der Mönch uns kein Geld bringt." böser Wille. Seht, hier kommt er wieder, mit seiner öligen Zunge."

Die zwielichtigen Augen und der volle Mund des Mannes erfüllten mich mit plötzlichem Abscheu. Endlich überkam mich die Angst und ein leises Schluchzen brach in meiner Kehle aus.

Meine liebe Liebe drehte sich mit einem kurzen, warmen Blick zu mir um.

„Kopf hoch, Schatz", flüsterte er. „Es ist zu früh, den Mut zu verlieren. Komm, wo ist meine tapfere Margaret?"

"Hier!" Ich antwortete und zwang mich zu einem Lächeln auf meinen zitternden Lippen.

KAPITEL III.

DER Rest des Tages verging wie ein langer Albtraum. Der Mönch ließ uns in eine kleine, aber stark gebaute Hütte bringen, die zwei Räume enthielt, die durch eine dünne Trennwand aus Häuten getrennt waren, die an eine Reihe aufrechter Pfosten genagelt waren. Diese bestanden aus Kanthölzern, ebenso wie der Boden, der äußere Rahmen und die Wandplatte. Das Dach und die Seiten waren mit Stroh gedeckt; und es gab kein Fenster, nur eine quadratische Öffnung im Dach, die das Licht hereinließ und auch den Rauch abließ, wenn auf dem Boden ein Feuer entzündet wurde.

Als es dunkel wurde, betraten zwei junge Indianermädchen die Hütte, wo wir gefesselt mit dem Rücken zur Wand saßen.

Sie schienen freundlich und sanftmütig zu sein, trotz ihrer ausgefallenen Kleidung, die aus einem Unterrock aus langem grauem Moos und Schnüren aus kleinen Muscheln und Perlen in verschiedenen Farben bestand , die um den Hals geschmückt waren.

Sie ließen Barbara und mich los, wofür wir sehr dankbar waren, da unsere Arme taub und schmerzend geworden waren. Wir machten Zeichen, dass sie auch die Bande der Männer durchtrennen sollten, was sie jedoch ablehnten. Dennoch berührten sie uns mit sanften Händen und streichelten unsere Schultern als Zeichen ihres guten Willens.

Danach brachten sie nassen Lehm und breiteten ihn auf dem Boden aus, und darauf legten sie ein Feuer und zündeten es an; Als sie wieder hinausgingen, kamen sie mit Essen zurück und stellten es uns vor, wobei sie Zeichen machten, dass wir, die wir frei waren, den Rest ernähren sollten.

Während ich meiner lieben Geliebten diente – die erbärmlicherweise so tat , als würde sie meine Dienste genießen – betrat der Mönch die Hütte, begleitet von zwei anderen, die zweifellos spanischer und indianischer Abstammung waren.

Sie trugen schwere Handschellen und Ketten bei sich, die sie unseren Männern anlegten und die Lederriemen zerschnitten, die sie bisher festgehalten hatten.

Mr. Rivers wollte wissen, auf wessen Befehl dies geschehen sei.

„Denn es scheint, dass unsere wahren Gefängniswärter nicht die Indianer sind. Diese Fesseln sind von spanischer Schmiede. Ist es Ihrer Nation zu verdanken, Padre, dass wir diese dringende Gastfreundschaft verdanken?"

Darauf antwortete der Mönch ausführlich, und was er sagte, schien unsere Männer zu erzürnen, die in eine Salve von Flüchen ausbrachen, sobald unsere

Gefängniswärter die Hütte verlassen hatten. Ich wandte mich um eine Erklärung an Mr. Rivers.

„Es ist so, wie ich vermutet habe", sagte er, „und der Mönch steckt hinter dem Ganzen. Er behauptet jetzt, dass wir mit der Landung hier und dem Versuch, mit den Indianern Handel zu treiben, einen Verstoß gegen die Souveränität von Santo Domingo begangen haben, was ..." beansprucht die gesamte Küste als spanisches Territorium. Diese Indianer, erklärt er, stehen unter dem Schutz seiner Regierung und sind daher nicht frei, über irgendwelche Güter an uns Engländer zu verfügen oder irgendwelche Gefälligkeiten von unserer Hand anzunehmen , wie es bei solchen Geschäften der Fall wäre zum Schaden der spanischen Rechte und des Einflusses auf dieses Land. Deshalb hat er uns von den Indianern beansprucht und schlägt vor, uns gefangen zu halten, bis die Entscheidung des Gouverneurs in San Augustin gefällt.

Wenn ich jetzt zurückblicke, kommt es mir so vor, als wäre ich in den ersten Stunden unserer Gefangenschaft um viele Jahre älter geworden. Dieser fröhliche Morgen mit seinen eigensinnigen Stimmungen und seinem freudigen Wagemut fiel in die Vergangenheit zurück und erschien mir so unwirklich wie die Tagträume meiner Kindheit.

Wir schliefen in dieser Nacht, Dame Barbara und ich, auf einer weichen und elastischen Couch aus Moos, die in dem kleinen Innenzimmer aufgestapelt war. Das heißt, wir lagen schweigend da; aber ich glaube, ich habe kaum die Augen geschlossen.

Der Wind, der durch das klaffende Strohdach wehte, erfasste die lose Ecke eines verschrumpelten Fellstreifens, der an der groben Trennwand baumelte, und ließ ihn die ganze Nacht mit einem leisen Klopfen, Klopfen, Klopfen hin und her schwingen. Als es nach außen schwang , konnte ich flüchtige Blicke auf die kleine Gruppe erhaschen, die sich um das erlöschende Feuer drängte; und stundenlang lag ich da und lauschte dem leisen Murmeln ihrer Stimmen und dem schweren Klirren und Rasseln ihrer Ketten.

Der alte Kapitän Baulk war in geschwätziger Stimmung und erzählte den Seeleuten eine schreckliche Geschichte darüber, wie die Spanier die ersten französischen Siedler an dieser Küste massakriert hatten.

„ Das war erst vor etwa hundert Jahren", dröhnte er mit einem grausigen Flüstern. „Ribaults Siedlung lag am Fluss May, irgendwo in diesen Breitengraden. Es heißt, es seien insgesamt etwa neunhundert Menschen gewesen, die Frauen und Kinder mitgerechnet, und keiner von ihnen sei entkommen. Die Leichen von Toten und Verwundeten wurden gleichermaßen aufgehängt auf einem Baum für die Krähen –"

„In Gottes Namen, halte deine krächzende Zunge!" Mr. Rivers unterbrach sich wütend. „So wie die Dinge liegen, ist es schon schlimm genug für die Frauen, und wenn sie die Geschichten dieser alten Frauen belauschen, glaubst du, dass es ihnen leichter fällt, sich auszuruhen?"

„Keine Ammenmärchen, Mr. Rivers, sondern die Tatsache, Sir, die verdammte Tatsache."

"Schweigen!" flüsterte mein Verlobter mit einer Stimme, die mich zittern ließ – denn er hat ein hitziges Temperament, wenn es geweckt wird. „Wenn du deine unheilvolle Zunge nicht zurückhalten kannst, wird dir bald eine weitere blutige Tatsache zwischen den Zähnen stecken!"

Plötzlich herrschte Stille. Es wurde schließlich von meiner lieben Liebe gebrochen, deren großzügige Natur bald ein hart ausgesprochenes Wort bereute.

„Ich war zu voreilig, mein guter Baulk; aber ich wollte um nichts in der Welt, dass Herrin Tudor etwas von diesen Schrecken hört. Und die Zeiten haben sich in hundert Jahren stark verändert . Aber diese Untätigkeit, diese Untätigkeit! Es ist schrecklich für einen Mann." !"

Ein unterdrücktes Stöhnen begleitete den Ausruf und mein Herz schmerzte für ihn. Für Männer, die es gewohnt sind, ihr eigenes Schicksal zu bestimmen und ihre Wünsche dem Glück zu entreißen, muss es in der Tat schwer sein, plötzlich gezwungen zu werden, die Rolle der Frau des geduldigen Wartens zu übernehmen.

Der nächste Tag brachte keine Erleichterung.

Von der fensterlosen Hütte aus konnten wir nichts von dem sehen, was draußen vor sich ging; aber etwa eine Stunde vor Mittag hörten wir im Dorf Trommelschläge. Das Geräusch wurde immer schwächer, als würde es verschwinden; Dann ertönte in der Ferne der Knall von Musketenschüssen, und wir machten uns Sorgen um unsere Leute auf der Schaluppe. Stunden vergingen, und wieder ertönte das Geräusch heftiger Schüsse, das wie zuvor allmählich verstummte.

Am späten Nachmittag gesellte sich zu uns ein weiterer Gefangener, den wir aufgrund seiner Fellkleidung auf den ersten Blick für einen jungen Indianer hielten; aber es war kein anderer als der junge Poole, der in Mr. Rivers' Diensten stand und seinem Herrn treu ergeben war.

Von ihm erfuhren wir, dass die Indianer und einige Spanier den ganzen Tag mit unseren Männern verhandelt hatten. Er war mit einem Brief an den Mönch an Land geschwommen und von den Wilden, die ihn nach ihrer eigenen Art gekleidet hatten, freundlich empfangen worden. Der Mönch gewährte ihm jedoch keine Antwort; und nach einiger Zeit gab er seinen

Männern das Signal, auf die Schaluppe zu schießen. Die Pfeile der Indianer und die Musketen der Spanier hatten die *Drei Brüder schließlich gezwungen, den* Anker zu lichten und in See zu stechen.

KAPITEL IV.

TAG für Tag verging. Es wurde uns langsam langweilig, über die Möglichkeiten unserer Flucht zu diskutieren, und wir verfielen allmählich in Schweigen.

Es war am ersten Junitag, als Don Pedro de Melinza aus San Augustin in der Galeere ankam, und unsere Gefangenschaft nahm eine neue Phase an.

Er ist ein gutaussehender Mann, dieser spanische Don, und er verhält sich mit der Miene eines Höflings – wenn es ihm so gefällt. Als er an diesem Tag im vollen Glanz des Sommermorgens an der offenen Tür unseres Hüttengefängnisses stand, war er ein schöner Anblick. Sein dichtes schwarzes Haar war zu einem Pony aus gewellten Locken zusammengebunden, die locker auf seinem ausgestellten Kragen ruhten. Sein ledernes Wams schmiegte sich eng an seine schlanke, kräftige Figur, und durch die geschlitzten Ärmel schimmerte feine Seide. In der rechten Hand hielt er seinen gefiederten Sombrero an die Brust; seine Linke ruhte achtlos auf dem Griff seines Schwertes.

Ich konnte an seiner höflichen Begrüßung keinen Fehler erkennen; aber ich schaute in sein Gesicht und es gefiel mir nicht.

Die Nase war gerade und hoch, die scharfen dunklen Augen lagen tief im olivfarbenen Gesicht; aber unter dem kurzen, gekräuselten Schnurrbart ragte eine volle, rote Unterlippe hervor.

Zeigen Sie mir als Mann eine offene Stirn, ein klares Auge, einen feststehenden Mund und ein Kinn, das weder auf die Nase zielt noch auf der Brust zurückweicht; und ich werde ihn als ehrlich, mutig und aufrichtig bezeichnen. Aber wenn seine Stirn nach hinten zieht, sein Kinn zurückweicht und sich seine Unterlippe rot kräuselt – auch wenn die anderen Merkmale gutaussehend sind und die Figur voller Anmut und Kraft beherrscht –, könnte ich diesem Mann niemals vertrauen! So etwas habe ich einmal in meiner frühen Kindheit gesehen. Meine Mutter machte mich auf ihn aufmerksam und bat mich, ihn gut zu beachten.

„Dieser Mann", sagte sie, „war einst der Freund und enge Kamerad deines Vaters; doch jetzt geht er frei und lebt in Ruhe, während mein armer Mann in der Sklaverei ist. Warum ist das so? Weil er dort drüben seinen Eid gebrochen hat.", an seine Freunde und an seinen König. Er verkaufte sie alle wie Esau für eine Suppe. Merke ihn gut, mein Kind, und hüte dich vor seinesgleichen; denn in diesen Tagen sind sie nicht wenige, und wehe ihnen alle, die ihnen vertrauen!"

Ich erinnerte mich an die Worte meiner Mutter, als sich der Señor Don Pedro de Melinza y de Colis an diesem Sommertag vor uns verneigte. Die Bedeutung seiner höfischen Phrasen war mir nicht mehr klar; aber seinem Verhalten entnahm ich, dass er in Gestalt eines Freundes gekommen war – und ich zitterte bei der Aussicht auf eine solche Freundschaft.

Dennoch war ich sehr froh, als die Fesseln meiner lieben Geliebten und seiner Gefährten abgenommen wurden und wir auf die spanische Galeere gebracht wurden und wie Christen dienten.

Bei der ersten Gelegenheit beeilte sich Mr. Rivers, mir die Dinge klarzustellen. „Unser Befreier“ – so nannte er ihn, worüber ich mich wunderte Etwas: „ Unser Befreier versichert mir, dass Padre Ignacios Vorgehen von seinem Onkel, Señor de Colis , dem Gouverneur und Generalkapitän von San Augustin, aufs Schärfste verurteilt wird. Don Pedro wurde geschickt, um uns dorthin zu transportieren, wo wir mit einigen bewirtet werden.“ Fitness, bis wir mit unseren Freunden kommunizieren können.

„ Sagt er das? Es wird ihm gut gehen, wenn er sein Wort hält; aber meiner Meinung nach hat er nicht das Gesicht eines ehrlichen Mannes.“

Mr. Rivers sah mich ernst an. „Das ist eine harte Rede von so sanften Lippen“, sagte er. „Don Pedro ist ein spanischer Herr von hoher Abstammung. Sein Onkel, Señor de Colis , ist ein Ritter des St.-Jakobus-Ordens. Diesen liegt ihre Ehre am Herzen. Bis er uns Anlass gibt, ihm zu misstrauen, lasst uns die Gnade dazu haben.“ glaube, dass er ein ehrlicher Mann *ist* .

Ich schaute zurück in die offenen grauen Augen meiner wahren und galanten Liebe und fühlte mich zurechtgewiesen. Es war allein der Instinkt einer Frau, der mich am Spanier zweifeln ließ; und dieses einfache Vertrauen edler Natur in die Integrität seiner Mitmenschen schien ein weitaus feinerer Instinkt zu sein als mein eigener.

Von diesem Moment an behielt ich meinen Verdacht bei und begegnete den höflichen Annäherungsversuchen von Señor de Melinza mit so viel Liebenswürdigkeit, wie ich nur konnte. Da wir jedoch größtenteils in verschiedenen Sprachen sprachen, war für uns kaum eine Konversation möglich.

Ich staunte über die Leichtigkeit, mit der Mr. Rivers sich sowohl auf Spanisch als auch auf Französisch unterhielt. Letzteres war mir selbst nicht völlig unbekannt, obwohl ich in meinem ruhigen Landleben kaum Gelegenheit hatte, mein Wissen auf die Probe zu stellen, und selten versuchte, mehr zu tun, als „ein paar Blumen“ der Fremdsprache in mein Gefüge zu stecken

Muttersprache; Deshalb versuchte ich zunächst mit großer Scheu, mich in die Labyrinthe einer unbekannten Sprache einzuarbeiten.

Der Spanier nahm meine Versuche jedoch mit höflichem Verständnis auf, und nach einer Weile fühlte ich mich ermutigt, einige Fragen über die Stadt San Augustin zu stellen und die lebendige Schönheit des Himmels und der blauen Wellen um uns herum zu kommentieren. Daraufhin lobte er begeistert sein eigenes Land Spanien – „den schönsten Fleck auf der Erde!" Während ich lächelnd zuhörte, kam es mir vor, als würde sich ein Schatten auf der Stirn meiner lieben Geliebten sammeln.

Bisher hatte sich die Galeere ausschließlich auf ihre Ruder verlassen – von denen es auf jeder Seite sechs Reihen mit jeweils zwei Rudern gab – , aber jetzt, da der Wind frischer geworden war, befahl Don Pedro, ihre beiden kleinen Lateinersegel zu hissen. Während er diese Anweisungen gab und ihre Ausführung überwachte, trat Mr. Rivers näher an meine Seite und sagte schnell flüsternd:

„Du hast mich etwas falsch verstanden, Liebling, was dein Verhalten unserem Gastgeber gegenüber angeht. Es ist sicherlich unnötig, dass du dir die Mühe machst, dich so ausführlich mit ihm zu unterhalten."

Nun muss man bedenken, dass sich unsere Situation in den letzten Stunden stark verändert hat. Ich hatte eine dunkle und schmutzige Hütte für ein gepolstertes Sofa auf einer luftigen Terrasse verlassen. In der winzigen Hütte, die mir zur Verfügung gestellt worden war, hatte ich mit Barbaras Hilfe meine wirren Locken und meine unordentliche Kleidung neu geordnet; damit ich mich meiner unordentlichen Erscheinung nicht mehr schämte. Mit meiner äußeren Verwandlung kam es zu einer Reaktion in meinem Geist, die sich auf ihr gewohntes Niveau steigerte.

Die salzige Luft war frisch auf meiner Wange; Die Bewegung unseres Schiffes, das fröhlich auf den tanzenden Wellen schaukelte, war freudig und inspirierend. Ich vergaß, dass wir nach Süden segelten und dass wir unsere englischen Freunde immer weiter zurücklassen würden, wenn sie überlebt hätten, um mit der geplanten Besiedlung zu beginnen. Meine Gedanken gingen zurück zu den früheren Tagen unserer Reise über die Meere ; und ein Blitz des vorsätzlichen Unfugs, von dem ich dachte, er sei völlig aus meinem Herzen gestorben, stieg plötzlich in mir auf.

Ich lehnte mich auf meinem gepolsterten Sitz zurück und blickte meinen galanten Herrn mit halbverschleierten Augen an.

„Diese schönen Unterscheidungen, Mr. Rivers, sind zu schwierig für mich", sagte ich. „Wenn dieser spanische Kavalier von hoher Abstammung und ehrlichen Absichten jeglicher Dankbarkeit würdig ist, dann glaube ich, dass ein paar höfliche Worte ihn kaum überbezahlen können."

Eine erhöhte Röte auf der Wange meines Verlobten zeugte von der Wärme seiner Gefühle in dieser Angelegenheit, als er antwortete:

„Sie haben völlig recht, meine liebste Dame! Wenn höfliche Worte auch nur einen Teil unserer Schuld tilgen können , werde ich nicht damit sparen. Dennoch erlaube ich Ihnen, die gesamte Last unserer Dankbarkeit und der gesamten Bezahlung auf mich zu nehmen davon."

„Das stimmt nicht", erwiderte ich mit etwas Elan. „Trotz unseres dürftigen Vermögens vertraue ich darauf, dass noch nie jemand einen Tudor aus Höflichkeit oder Dankbarkeit für bankrott erklärt hat; und – mit Ihrer Erlaubnis, Sir – ich werde keine Ausnahme sein!"

Das sagte ich nicht, weil ich dem Spanier so sehr verpflichtet war; aber – Schande über mich! – denn Mr. Rivers hatte sich vor einiger Zeit dazu entschlossen, mich wegen meiner Lieblosigkeit zu tadeln.

Es ist schon seltsam, wie wir Frauen Freude daran finden können, dem Mann, den wir lieben, Schmerzen zu bereiten. Wenn er jedoch an einer anderen Ursache litt, würden wir gerne sterben, um ihn zu entlasten! „ Das scheint ein grausamer Charakterzug einer Frau zu sein – und ich vertraue darauf, dass ich nicht grausam bin!" Aber ich muss zugeben, dass, als ich Don Pedro bei seiner Rückkehr mit zusätzlicher Herzlichkeit begrüßte, nichts an seinem dunklen, eifrigen Gesichtsausdruck mein Herz höher schlagen ließ – sondern eher der flüchtige Blick, den ich auf eine aufgebissene Lippe, eine verzogene Stirn, und ein Paar trauriger grauer Augen, die aufs Meer hinausblickten.

Die Reue kam jedoch schnell. Es gab etwas in der Art des Spaniers, das meine schlafenden Zweifel an ihm weckte; und ich verstummte bald und suchte, allein zu sein.

Mein tapferer Herr hatte sich verärgert zurückgezogen und schien in Begleitung des alten Kapitäns Baulk und des jungen Poole meine Existenz völlig vergessen zu haben.

Ich ließ Dame Barbara neben mir sitzen, lehnte meinen Kopf an ihre Schulter und schloss die Augen, indem ich Kopfschmerzen vortäuschte. Die Dame wiegte sich sanft hin und her und gab von Zeit zu Zeit unterdrückten Gebeten und traurigen Ausrufen Luft, die meine Gedanken auf meine eigenen Verfehlungen richteten.

Durch meine halb geschlossenen Augen sah ich, wie die Sonne hinter dem Küstenstreifen unterging, und beobachtete, wie der blaue Himmel zu schwachem Grün und sattem Bernstein verblasste. Ein kleiner Schwarm weißer Wolken, der in den durchsichtigen Tiefen schwamm, fing plötzlich Feuer und verwandelte sich in rosa Flammen, glühte dann dunkelrot wie brennende Kohlen und verblasste schließlich im violetten Westen zu grauer Asche.

„Herr, erbarme dich unserer sündigen Herzen!" stöhnte Dame Barbara leise.

"Amen!" Ich seufzte und fragte mich, was mir fehlte, dass es so schlimm sein konnte, dass es die Last der Angst, die meine liebe Geliebte zu tragen hatte, noch verstärkte! Ein paar Tränen stahlen sich unter meinen halb geschlossenen Lidern hervor, und ich fühlte mich sehr elend und verlassen, als ich plötzlich spürte, wie eine Hand auf meine gelegt wurde.

Ich schaute hastig auf und sah das Gesicht meines tapferen Herrn, sehr ernst und reumütig, in der immer tiefer werdenden Dämmerung. Mein Herz machte einen freudigen Sprung in meiner Brust; aber ich verzog kläglich die Lippen und stieß einen gewaltigen Seufzer aus.

„Vielen Dank, liebe Dame, für Ihre freundliche Pflege", sagte ich zu Barbara. „Wahrlich, ich weiß nicht, was ich ohne deinen manchmal mütterlichen Trost tun soll."

Mr. Rivers nahm meine Hand, zog mich sanft weg und sagte:

„Sehen Sie, was für ein heller Stern dort über den düsteren Küsten hängt!"

Ich warf einen Blick auf den glitzernden Lichtpunkt und dann über meine Schulter auf die schattigen Decks. Der Spanier war nicht zu sehen, und nur die gebeugte Gestalt der Dame war ganz in der Nähe .

Meine liebe Liebe hob meine Finger an seine Lippen. „Verzeih mir, Schatz, dass ich so unhöflich bin – aber du kannst dir die Ängste nicht vorstellen, die mich erfüllen, wenn ich das dunkle Gesicht dieses Mannes in deins blicken sehe und erkenne, dass wir völlig in seiner Macht sind."

„Sicherlich würde er mir nichts tun!" sagte ich hastig.

„Es liegt daran, dass er lernt, Sie zu lieben", sagte Mr. Rivers ernst.

„Vielleicht erspart er sich den Schmerz!" Ich weinte. „Hast du ihm nicht gesagt, dass wir verlobt sind?"

„Ja, Liebes – aber er könnte trotzdem sein Herz verlieren. Was für ein Wunder wäre es, wenn er es tun würde? Das Wunder wäre, wenn er ungerührt in dein Gesicht blicken könnte."

„Bin ich dann so wundervoll hübsch?"

„Gerechter als jede lebende Frau!" er definierte. Ich wusste genau, dass es sich um eine sanfte Lüge handelte, aber da er es selbst zu glauben schien, war es genauso zufriedenstellend, als ob es die Wahrheit gewesen wäre!

„Sei getröstet", flüsterte ich beruhigend. „Ich weiß sehr gut, wie ich mich ganz heimelig machen kann. Ich brauche nur alle meine Locken aus der Stirn zu streichen und sie hinter den Rücken zu schlagen: Schon werde ich so alt und hässlich, dass kein Mann Lust haben würde, mir zweimal ins Gesicht zu sehen." Warte bis morgen, dann wirst du sehen!"

Ein Lachen brach über Mr. Rivers' Lippen hervor, und dann seufzte er schwer.

„Nein, Liebling, wenn es der Kopfschmuck ist, den du vor ein paar Monaten für meine besondere Strafe angelegt hast, dann bete ich, dass du seine Wirksamkeit nicht an dem Spanier versuchst; denn er dient nur dazu, dich unwiderstehlicher zu machen."

Aber ich habe schon länger über mich selbst und meine eigenen Gefühle nachgedacht, als nötig ist, um meine Geschichte zu erzählen. Ich muss mich auf die Ereignisse konzentrieren, die Mr. Rivers am meisten beunruhigten. Doch wenn ich zurückblicke, fällt es mir schwer, meine Gedanken von der letzten Stunde des ruhigen Gesprächs mit meiner lieben Liebe unter dem sternenklaren südlichen Himmel loszureißen. Wie selten erleben wir unsere Momente des großen Glücks erst, wenn sie längst vergessen sind! Damals schien es mir, als stünden wir im Schatten einer dunklen Schar von Ängsten; Aber jetzt weiß ich, dass es nur dazu diente, unseren gemeinsamen Glauben noch heller zu machen.

Ich vernachlässigte daraufhin Mr. Rivers' Warnung nicht und ging dem Spanier so weit wie möglich aus dem Weg. Meine liebe Geliebte blieb immer an meiner Seite und antwortete mir in leichtem Spanisch auf alle höflichen Reden von Don Pedro.

Manchmal denke ich, es wäre viel besser gewesen, wenn er mich meinen eigenen Weg gehen ließ. Es gibt Männer, die nur einen Anflug von Rivalität brauchen, um sich in ein Abenteuer zu begeben, an das sie aus freien Stücken nie gedacht hätten. Melinzas Aufmerksamkeit ließ nicht nach, während seine Art Mr. Rivers gegenüber mit der Zeit an Herzlichkeit verlor.

KAPITEL V.

ZU den Anhängern des Spaniers gehörte ein junger Mulatte, den er „Tomas"
nannte. Er hatte eine sehr große und schlanke Figur, war aber dennoch
sehnig und stark, mit muskulösen Muskeln, die sich unter der braunen Haut
seiner schlanken jungen Gliedmaßen spannten. Er trug ein weites Hemd, das
am Hals offen war und dessen Ärmel bis zur Schulter hochgekrempelt waren
. und seine kurzen, weiten Hosen reichten kaum bis zum Knie.

Ich bewunderte die bewegliche Anmut des Jungen, als er sich am letzten
Morgen unserer Reise an Deck bewegte. Mit ihm war der junge Poole (erneut
wie ein Christ gekleidet, in geliehenen Gewändern) damit beschäftigt, eine
große Seilrolle zu bewegen; und der kräftige, hellhäutige englische
Jugendliche bildete einen hübschen Kontrast zu den anderen.

Don Pedro stand in der Nähe von Mr. Rivers und mir und sein Blick blickte
in die gleiche Richtung wie wir.

„Von der Größe her sind sie gut aufeinander abgestimmt", sagte er und
zeigte auf die Jungs. „Lasst uns sehen, wer die Palme an Stärke aushalten
kann." Er rief dem jungen Mulatten ein paar Worte auf Spanisch zu, der
seinen dunklen Kopf hob – mit glänzenden Ringen aus kohlschwarzem Haar
bedeckt – und eine glänzende Reihe weißer Zähne zeigte, während er sein
lächelndes Gesicht seinem Meister zuwandte.

Mr. Rivers sprach ein Wort mit Poole, und der Junge errötete von der Stirn
bis zum Hals, und seine blauen Augen senkten sich verlegen; aber er wehrte
sich mit gutem Willen gegen den anderen, und ihre Größe unterschied sich
nicht um Haaresbreite.

Auf ein Zeichen von Don Pedro hin kämpften die Jungs miteinander; Die
braunen und rötlichen Äste waren eng umschlungen, und mit bloßen Füßen
umklammerten sie das Deck und schwankten hin und her wie zwei Setzlinge
in einem Sturm.

Im ersten Anfall hatte der Mulatte das Beste daraus; seine geschmeidigen,
dunklen Gliedmaßen wanden sich mit lähmender Kraft um seinen Gegner;
aber bald begann sich das größere Gewicht des englischen Jugendlichen zu
bemerkbar zu machen; seine junge, wohlgeformte Gestalt richtete sich auf
und wurde angespannt.

Ich sah ein plötzliches Knurren im nach oben gerichteten Gesicht des
anderen. Seine kurze, dicke Oberlippe kräuselte sich auf den Zähnen wie der
Wille eines Hundes, wenn er wütend ist. Er verdrehte die Augen in Richtung
seines Meisters, der ihm einen verächtlichen Fluch zuwarf. In plötzliche Wut

geraten, streckte der Mulatte seinen Kopf vor und schlug seine scharfen weißen Zähne in die Schulter des jungen Poole.

Ein erschrockener Schrei ertönte, und der englische Jugendliche lockerte seinen Griff. Im nächsten Moment rollten die beiden Gestalten über das Deck, und der Flachskopf war ganz unten.

„Foulspiel!" rief Mr. Rivers und sprang vor, um die Jungs auseinander zu reißen; denn jetzt lagen die Finger des Mulatten an der Kehle seines Gegners.

Melinzas Hand flog zu seinem Schwert; Mit einer Salve von Flüchen schob er die glänzende Klinge zwischen Mr. Rivers und die sich windenden Gestalten auf dem Boden. Gedankenschnell schoss eine weitere Klinge aus ihrer Scheide, und die wütenden grauen Augen meiner Verlobten brannten vor empörter Herausforderung.

Ich hatte in stummer Verwunderung zugesehen; aber beim Anblick der nackten Waffen schrie ich laut auf.

Sofort schienen sich die beiden Männer wieder zu sammeln. Sie zogen sich zurück und beäugten einander kalt.

„ *Hasta bequem Anlass , Caballero!* „sagte der Spanier, steckte sein Schwert wieder in die Scheide und verneigte sich tief.

„ *A la disposicion de vuestra* „*Señoria , Don Pedro* ", antwortete meine Verlobte und folgte seinem Beispiel.

Und als ich zuhörte, aber kein Wort der Sprache kannte, glaubte ich, dass eine Entschuldigung zwischen ihnen stattgefunden hatte!

Das Handgemenge auf dem Deck hatte aufgehört, als die Schwerter aufeinanderprallten, und die Jungs waren aufgestanden. Melinza wandte sich nun dem jungen Tomas zu und versetzte ihm einen scharfen Schlag auf die Wange.

„Weg mit euch beiden!" sagte die Geste seines ungeduldigen Arms; aber ich glaube, seine Zunge brachte nichts als Flüche hervor.

Alle unsere Engländer waren auf dem Deck erschienen, und als Melinza mit immer noch finsterer Stirn an ihnen vorbeischritt, tauschten sie bedeutungsvolle Blicke. Kapitän Baulk schüttelte seinen grauhaarigen Kopf, als er auf uns zukam.

„Was habe ich immer gesagt, Mr. Rivers" – begann er; aber mein Verlobter schaute zu mir und legte einen Finger auf seine Lippe. Danach gingen sie auseinander und unterhielten sich flüsternd. Was sie sagten, wusste ich nie; Denn als Mr. Rivers an meine Seite zurückkehrte , sprach er von nichts anderem als den Delfinen, die im blauen Wasser spielten, und von den

Chancen, dass wir San Augustin noch vor Einbruch der Dunkelheit erreichen würden.

„Also", dachte ich, „soll ich mich nicht länger an ihren Diskussionen, an ihren Hoffnungen oder Ängsten beteiligen. Ich bin nur noch ein ganz kleines Kind, das bewacht und amüsiert werden muss, das man mit einer Süßigkeit oder Ähnlichem von der Gefahr abbringen kann. " ein Spielzeug! Und wirklich, ich habe es verdient, so behandelt zu werden. Aber jetzt ist es für mich an der Zeit, kindische Dinge beiseite zu legen und mich als Frau zu beweisen."

Ich hatte jedoch den Verstand, meine Vorsätze nicht bekannt zu geben und auch nicht darauf zu bestehen, sein Vertrauen zu teilen. Ich beugte mich über die Bordwand des Schiffes und beobachtete das silberne Aufblitzen der beiden langen Ruderreihen, als sie die Wellen schnitten, und schwieg . Aber in meinem Herzen herrschte Aufruhr. Ich hatte das Glitzern eines Schwertes im Gesicht meiner lieben Geliebten gesehen ! – und bei der Erinnerung wurde mir kalt. Ich hatte mit dem Mann kokettiert, dessen Schwert es war! – und dieser Gedanke ließ heiße Wellen durch meinen ganzen Körper laufen. Ich schloss meine Augen und wünschte, Gott hätte sie weniger blau gemacht; Ich biss mir auf die Lippe, weil sie so rot war. Ich hatte bis jetzt nicht gedacht, dass mein schönes Gesicht meiner Geliebten Gefahr bringen könnte.

Er stand an meiner Seite, so gutaussehend und so elegant; ein guter Mann, auf den man schauen kann, und ein treues Herz, dem man vertrauen kann; nicht zu eifrig in religiösen Angelegenheiten, aber er befleckt seine Lippen nie mit einem groben Schwur oder seine Ehre mit einer Lüge! Als ich zu ihm aufblickte und er sich zu mir beugte, erinnerte ich mich plötzlich an die illoyale Vorsicht unseres Vaters Abraham, als er durch das Land der Fremden reiste; und ich dachte: „Gewiss muss Gott einen Mann ehren , der seiner Liebe treu bleibt, um jeden Preis der Gefahr!"

So verging der Tag.

Es war Abend, als wir die Bar überquerten und die Matanzas Bay betraten. Die untergehende Sonne warf einen purpurnen Schein über das Wasser; Ich dachte an das Blut der französischen Märtyrer, das einst diese Wellen befleckte, und ich schauderte.

Vor dem westlichen Himmel zeichnete sich die Stadt San Augustin ab – quadratische Mauern und niedrige, flache Dächer entlang eines niedrigen, grünen Ufers. Der Wachturm der Burgfestung erhob sich bedrohlich, als wir näher kamen.

Auf dem Deck der spanischen Galeere standen meine Liebe und ich Hand in Hand.

„Dort drüben ist – unser Ziel“, sagte Mr. Rivers.

„Unser Gefängnis würdest du sagen“, antwortete ich ihm, „und so denke ich auch. Dennoch würde ich lieber hier an deiner Seite stehen als irgendwo anders auf dieser weiten Welt – *allein*!“

Er lächelte und hob meine Finger an seine Lippen. „Wahrlich, liebe Dame, das würde ich auch tun.“

Es gab ein Rasseln schwerer Ketten und ein lautes Plätschern, als der Anker im dunkler werdenden Wasser hinabrutschte.

KAPITEL VI.

WIR vom spanischen Gouverneur empfangen.

Ich hatte ihn mir in Gedanken bereits als einen Mann von beeindruckender Präsenz vorgestellt, mit scharfen, dunklen Augen in einem strengen Gesicht; knackige, lockige Locken – wie die von Melinza –, aber an den Schläfen leicht versilbert; ein Hauch von Kraft, von Feuer, als ob sein kühner Geist dem schweren Lauf der Zeit trotzte.

Deshalb war es für mich eine große Überraschung – und eine gewisse Erleichterung –, als ich stattdessen eine hagere kleine Gestalt mit schneeweißem Haar und blassem Gesicht auf uns zukommen sah. Seine kleinen blauen Augen blinzelten uns mit einem wässrigen Blick an; Seine schlaffen Wangen waren von Falten übersät, und seine zitternden Lippen zuckten und verzogen sich im schattenhaften Anschein eines Lächelns: Es gab nichts an ihm, was auf einen Soldaten oder einen Mann der Elite hindeutete.

Er war mit etwas Anspruch gekleidet, in ein Wams aus violettem Samt mit Ärmeln in einer helleren Farbe. Seine kurzen, weiten Hosen waren am Knie mit riesigen Rosen geschmückt; Seine geschrumpften Unterschenkel waren in einen seidenen Schlauch von blassem Lavendelton gehüllt, und silberne Schnallen befestigten die büscheligen violetten Bänder an seinen Schuhen. Auf seiner Brust befand sich das rote Kreuz des Heiligen Jakob – Adelspatent; Wären das und seine feine Kleidung nicht gewesen, hätte man ihn vielleicht für einen trübäugigen und altersschwachen Schneider aus der Haberdashery Lane gehalten.

Beim Anblick dieses kleinen Männchens fasste ich mein Herz.

„Kann das der Gouverneur und Generalkapitän von San Augustin sein?“ Ich flüsterte meiner Verlobten ins Ohr.

„Am Hofe unseres *Charles geht es nicht* nur darum, dass Küsse oder Beförderungen nur durch Gunst erfolgen !“ war seine Antwort kurz beiseite. Dann traf er den vorrückenden Würdenträger und antwortete mit ernster Punctilio auf den höflichen Empfang, der uns bereitet wurde.

Melinzas Rolle war bei dieser Gelegenheit die des Zeremonienmeisters. Er schien seinen Groll beiseite gelegt zu haben , und sein hübsches olivgrünes Gesicht wurde von einem Ausdruck großer Güte aufgehellt , als er mich dem Gouverneur als „ *die ehrenwerte und angesehene Señorita Doña Margarita de Tudor* “ vorstellte.

Ich blickte mit einem unwillkürlichen Lächeln zu Mr. Rivers auf.

„Meine Verlobte, Exzellenz", sagte er schlicht und nahm mich bei der Hand.

Der Gouverneur mit den trüben Augen machte mir ein Kompliment, mit einer faltigen Hand auf seinem Herzen. Ich verstand kein Wort davon und er sprach kein Französisch, also entschärfte Mr. Rivers die Situation mit seiner gewohnten Leichtigkeit.

Diese Audienz fand im Hof des Schlosses statt, einem Ort großer Stärke, bei dem es sich praktisch um eine quadratische Festung aus Stein handelte, die sich über etwa einen Hektar Land erstreckte und von mehr als dreihundert Mann besetzt war.

Wir standen in einer kleinen Gruppe unter einer schwachen Lampe, die in einem geschnitzten Portikus hing, der der Eingang zu einer Kapelle zu sein schien. Kapitän Baulk und die anderen waren ein wenig distanziert von uns; und überall, an den offenen Türen der Kasematten, lauerten viele der dunkelhäutigen Soldaten.

Plötzlich waren leichte Schritte auf dem gepflasterten Boden der Kapelle hinter uns zu hören, und eine große, anmutige Frau trat vor und legte ihre Hand auf meine Schulter. Durch die zarten Falten aus schwarzer, hauchdünner Spitze, die ihren Kopf und ihre Schultern verhüllte, schimmerte ein Paar leuchtender Augen, deren Blick mich brannte.

Sie wischte die Begrüßungen der beiden Spanier beiseite und sprach mit voller, leiser Stimme direkt zu mir. Der Anblick einer Frau war mir so willkommen, dass ich eifrig beide Hände ausstreckte; aber sie machte keine Anstalten, sie zu nehmen: Ihre strahlenden Augen suchten die Gesichter unserer Gruppe ab und blieben bei dem meiner Verlobten, an die sie sich als nächstes wandte, mit einer kleinen nachlässigen Geste ihrer weißen Hand in meine Richtung.

Mr. Rivers verneigte sich tief und sagte auf Französisch: „Madame, ich empfehle sie Ihrer guten Obhut." Dann zu mir: „Margaret, die Dame des Gouverneurs bietet Ihnen den Schutz ihres Daches an."

Seine Augen forderten mich auf, es anzunehmen, und ich drehte mich langsam zu dem herrischen Fremden um und murmelte: „Madame, ich danke Ihnen."

"Also!" Sie rief aus: „Du kannst also sprechen? Du bist nicht dumm? Ich hatte gedacht, es wäre ein hübsches Wachsbildnis Unserer Lieben Frau für den Padre hier", und sie lachte spöttisch und warf einen Blick über die Schulter.

Ein anderer hatte sich unserer Gruppe angeschlossen, aber seine nackten Füße hatten keinen warnenden Schritt gemacht. Der Anblick der groben Kutte und des tonsurierten Kopfes ließ mich erschauern. Zwei düstere

Augen hielten mich einen Moment lang fest, dann wandte sich ihr Besitzer schweigend ab und betrat erneut die Tür der Kapelle.

Melinza stand daneben und runzelte die Stirn.

„Eine solche Herablassung Ihrerseits, Doña Orosia , ist unnötig. Wir können allen unseren englischen Gästen hier im Schloss Unterkunft bieten."

Boudoir einer Dame auszutricksen ? – Nein, sie würde an den Schrecken innerhalb dieser düsteren Mauern sterben. Komm mit mir, Kind, ich kann für bessere Unterhaltung sorgen."

Ich wandte mich hastig meiner lieben Liebe zu.

"Gehen!" sagte sein Blick zu mir.

Dann dachte ich an Barbara und bat ganz schüchtern um Erlaubnis, sie bei mir behalten zu dürfen.

„Sie könnte uns folgen", sagte die Dame des Gouverneurs nachlässig und klatschte heftig in die Hände. Zwei Läufer erschienen mit einem geschlossenen Stuhl und stellten ihn vor uns ab.

„Herein", sagte mein selbstgewählter Vormund. „Du bist so schmächtig, da ist Platz für uns beide."

Benommen gehorchte ich ihr, und dann folgte sie mir.

Ich dachte, ich würde in dem engen Raum zerquetscht werden, und der Gedanke, so plötzlich von meiner Verlobten getrennt zu werden, erfüllte mich mit Schrecken. Ich machte einen verzweifelten Versuch, wieder herauszuspringen; Aber eine sanfte, starke Hand packte meinen Arm und hielt mich still, und in einem Moment wurden wir schnell vom Hof in die Dunkelheit draußen getragen.

Ich rang bitterlich die Hände und brach in Tränen aus.

„ O cielos ! was haben wir hier?" schrie die reiche Stimme gereizt. „Es ist schließlich kein wächserner Heiliger, sondern eine lebendige Quelle! Ertrinke mich nicht, ich bitte dich. Was gibt es zu weinen? Hast du Angst, kleiner Narr? Schau, ich bin nur eine Frau, keine Ogerin." "

Aber ich fürchtete mich nicht nur vor mir selbst: Der Gedanke an meine liebe Liebe in Melinzas Macht erschreckte mich mehr als alles andere – und doch wagte ich es nicht, meinen Verdacht in Worte zu fassen. Ich gab mir alle Mühe, meine Stimme zu unterdrücken, als ich flehte, dass man mich zur Festung und zu Mr. Rivers zurückbringen möge.

„Weinst du wegen des Engländers oder wegen Melinza ?" forderte mein Begleiter scharf.

„Madame!" Ich erwiderte empört: „Mr. Rivers ist mein verlobter Ehemann."

„Zweifellos ein guter Grund zum Kummer", antwortete sie, „aber ersparen Sie mir Ihre Wehklagen. Nein, Sie dürfen *nicht* in die Festung zurückkehren. Das ist kein geeigneter Ort für eine ehrliche Frau – und Sie scheinen zu sehr dumm zu sein, um etwas zu sein." sonst. Hier sind wir angekommen –"

Sie stieß mich auf die unbefestigte Straße hinaus und zerrte mich dann durch eine offene Tür, über einen schmalen Hof voller blühender Pflanzen und in einen beleuchteten Raum, der mit reichen Vorhängen sowie Stühlen, Tischen und Schränken von feiner Arbeit ausgestattet war.

Ich blickte verwundert und verwirrt um mich herum.

„Wie gefällt es Ihrer hübschen Heiligkeit? Das ist doch etwas Besseres als Pater Ignacios Hütte oder Melinzas Galeere, nicht wahr? Sind Sie damit zufrieden, zu bleiben?"

„Madame", sagte ich verzweifelt, „machen Sie mit mir, was Sie wollen; ich bitte Sie nur, sorgen Sie dafür, dass meiner Verlobten kein Schaden zugefügt wird."

„Was soll ihm schaden?" sie verlangte. „Ist er nicht der Gast meines Mannes?"

„Sein Gast, Madame, oder sein Gefangener?"

Sie warf mir einen scharfen Blick zu. „Für welche Rolle er auch immer den Witz – oder die Torheit – hat, sie zu spielen."

Ich rang wieder meine Hände. „Madame, Madame, spielen Sie nicht mit mir!"

„Kind, was sollte dir solche Angst machen?"

Ich zögerte, dann rief ich aus: „ Señor de Melinza hat keinen guten Willen mit ihm – er könnte versuchen, Ihrem Mann Vorurteile zu bereiten!"

Die Frau des Gouverneurs sah mich aufmerksam an. „Warum sollte Melinza etwas gegen deinen Engländer haben?"

Ich konnte nicht antworten – vielleicht war ich ein Narr gewesen, zu sprechen. Ich ließ mein Gesicht schweigend in meine Hände sinken.

Doña Orosia beugte sich vor und nahm mich an den Handgelenken. "Schau mich an!" Sie sagte.

Schüchtern hob ich den Blick und sie musterte eine lange Minute lang mein Gesicht.

„Es ist absurd", sagte sie dann und schob mich beiseite. „Das ist unmöglich! Und doch – ein neues Gesicht, ein neues Gesicht und einigermaßen hübsch.

Oh mein Gott, diese Männer! Sind sie einen echten Herzschmerz wert? Sag es mir", rief sie heftig und schüttelte mich grob an mir vorbei die Schulter, „Hat Melinza schon mit dir geschlafen?"

„Niemals, Madame, niemals!" Ich antwortete schnell, erschrocken über ihre Heftigkeit. „In der Tat ging mir ihr Streit nichts an. Es ging um zwei Jungs, die sich auf der Galeere einen Ringkampf lieferten. Und obwohl sie damals beide verärgert waren, herrscht jetzt vielleicht kein schlechtes Gefühl zwischen ihnen. Es war dumm von mir zu reden." davon. Vergiss meine Unvorsichtigkeit, ich bitte dich!"

Aber ihr Gesicht blieb nachdenklich. „Erzähl mir die ganze Geschichte", sagte sie; und als ich das getan hatte, schwieg sie.

Ich saß da und beobachtete sie besorgt. Sie war eine wunderschöne Frau mit üppigem dunklem Haar, einer kräftig getönten Wange, herrlichen Augen und einem kleinen, weichen, rotlippigen, leidenschaftlichen Mund – in diesem Moment zu einer verächtlichen Kurve zusammengefaltet.

Plötzlich stand sie auf und berührte eine Glocke. Eine junge Negerin folgte der Vorladung. Doña Orosia sprach ein paar schnelle Worte auf Spanisch zu ihr und wandte sich dann kühl an mich.

„Gehen Sie mit ihr; sie wird Ihnen Ihre Wohnung zeigen, und Ihre Frau wird Sie später dort begleiten. Sie müssen heute Abend zu müde sein, um zu uns bei einem formellen Essen zu kommen, und Ihre Garderobe muss etwas Auffüllung nötig haben." Morgen wirst du alles haben, was du brauchst. Ich wünsche dir eine gute Nacht!" – und sie entließ mich mit einer hochmütigen Geste ihrer weißen Hand.

Das mir zugewiesene Zimmer – das ich gerne mit der guten Dame Barbara teilte – war lang und schmal. An einem Ende befand sich ein Fenster, das auf das Meer hinausging; und durch das schwere Gittergitter, das fest in das dicke Fenster eingelassen war, konnte ich auf die niedrige Ufermauer blicken und dahinter auf den glatten Busen des träumenden Ozeans, der sich sanft im stillen Sternenlicht bewegte, als ob ein solcher Der Kummer lag verborgen in seinem tiefen Herzen, während selbst sein Schlaf mit Seufzern beunruhigt wurde.

Wenn ich mein Gesicht dicht an die Gitterstäbe drückte, konnte ich links von mir die Festungsmauern der Burg sehen, in der sich meine liebe Liebe befand. Die Tränen stiegen mir langsam in die Augen, als ich dachte, dass uns in dieser Nacht nicht dasselbe Dach schützen würde und auch nicht dasselbe schwankende Deck unter unseren Füßen sein würde.

Während wir zusammen waren, hatte mich kein wirkliches Gefühl der Gefahr bedrückt; Aber von der ersten Stunde unseres Abschieds an wurde

mein Herz immer schwerer von Vorahnungen über das Böse und den
Kummer, die noch kommen würden.

Kapitel VII.

ZUNÄCHST schien alles ganz gut zu laufen. Die Dame des Gouverneurs war mir gegenüber ziemlich gnädig; Der alte Señor de Colis war überschwänglich in seinem anzüglichen Lächeln und seinen wortreichen Komplimenten, die ich nicht verstehen konnte; Ich sah Mr. Rivers und Melinza von Zeit zu Zeit, und sie schienen gut miteinander auszukommen; aber ich glaubte nicht, dass dieser Zustand von Dauer sein würde – und ich hatte Recht mit meinen Befürchtungen.

Eines Abends (es war der 22. Juni und das Wetter war schwül und drückend; das Meer hielt den Atem an und der runde Mond brannte heiß am dunstigen Himmel) wurde das Abendessen im kleinen Hof des Hauses des Gouverneurs serviert, und sowohl Mr. Rivers als auch Melinza waren unsere Gäste.

Dies war nicht das erste Mal, dass wir alle an derselben Tafel das Brot brachen; aber jetzt lag ein Hauch von Spott in den Höflichkeiten von Melinza – er reichte das Salz mit einem Blick verschleierter Feindseligkeit an meine Verlobte weiter und versprach ihm ein Glas Wein mit einem Lächeln, das die wütenden Locken seines mürrischen Rots kaum verbarg Lippe.

Es war eine seltsame Mahlzeit; Die Erinnerung daran ist wie ein Bild, das sich in mein Gehirn eingeprägt hat.

Von den hohen Messingleuchtern auf dem Tisch strahlten die flackernden Kerzen auf glänzenden Damast und glitzerndes Silber herab und entzündeten Funken zwischen den Diamanten, die die Spitzenfalten auf dem dunklen Kopf von Doña Orosia einfingen und die weißen Finger, die sie umklammerten, mit einem Edelstein überzogen langsam laufender Ventilator. Sie war eine Schönheit, die die Bewunderung der Männer mutig herausforderte und von ihren Augen Tribut forderte. Der weißhaarige Gouverneur bezahlte es in vollem Umfang, mit einem starren und wässrigen Blick unter seinen halb geschlossenen Lidern und einem senilen Lächeln, das unter seinem gewachsten Schnurrbart lauerte. Aber jedes Mal, wenn ich nach oben schaute, begegnete ich den Augen von Mr. Rivers und Don Pedro wandte sich mir zu; und ich verspürte eine seltsame Erregung, die zum Teil aus Triumph darüber bestand, dass meine liebe Geliebte sich seiner Treue nicht entziehen konnte, und zum Teil aus Schrecken, weil im Blick des Spaniers etwas lag, das auf eine Natur hindeutete, die ausschließlich von ihren heißen Leidenschaften beherrscht wurde und der Wille, mit fairen oder unfairen Mitteln zu gewinnen, was es begehrte.

Ich konnte wegen der Hitze und des scharfen Geschmacks seltsamer Soßen wenig essen, also trödelte ich mit meinem Teller herum, nur um einen

Vorwand für den gesenkten Blick zu haben; und obwohl ich die ganze Zeit mit angestrengter Aufmerksamkeit zuhörte, verging das Gespräch zu schnell, als dass ich seine Bedeutung hätte erfassen können.

„Zu den strahlendsten Augen und den Lippen, die eines Kusses würdig sind!" – *Seite 55.*

Aber Doña Orosia war weder taub noch blind; Ihre scharfen schwarzen Augen hatten jeden Blick bemerkt, der an ihr vorbeiging. Mit einer tieferen Röte auf ihren olivfarbenen Wangen und einer stolzeren Haltung ihres hochmütigen Kopfes gab sie mir schließlich das Zeichen zum Rückzug.

Die drei Herren erhoben sich mit Gläsern in der Hand von ihren Sitzen; und als wir unter dem gewölbten Gitter hindurchgingen, das vom gepflasterten Hof in den duftenden Garten führte, hob Don Pedro sein Glas an die Lippen mit einer Geste in unsere Richtung und rief auf Französisch:

„Auf das schönste Gesicht in San Augustin! Auf die strahlendsten Augen und die Lippen, die eines Kusses am würdigsten sind! Möge das Licht dieser Augen niemals von diesen alten Mauern zurückgezogen werden, damit es den Lippen nie an einer spanischen Klinge mangelt, um sie vor allen Eindringlingen zu schützen!"

Der Gouverneur, der die französischen Worte nicht verstand, hob sein Glas in höflicher Nachahmung der Geste seines Neffen; aber Mr. Rivers errötete heiß und legte sein Glas auf den Tisch.

„Ihr Toast gefällt mir nicht, Señor Melinza , wie auch immer ich es interpretiere. Das Gesicht, das mir hier am schönsten erscheint, wird San Augustin am Tag meiner Abreise verlassen; und da es das Gesicht meiner versprochenen Frau ist, braucht es kein anderes Schwert als meins, um Eindringlinge abzuwehren!"

Auch er sprach Französisch; und als die Worte über seine Lippen kamen , spürte ich, wie die sanfte, starke Hand von Doña Orosia meinen Arm ergriff und mich zurück zwischen den Ranken zog, hinter das rote Licht der Kerzen, wo wir ungesehen zuhören konnten.

Melinza lachte leise. „ Señor Rivers sagt, er kann meinen Trinkspruch nicht nach seinem Geschmack interpretieren; aber wenn ich ihn ihm in spanischer Sprache gebe , findet er die Interpretation vielleicht eher nach seinem Geschmack!" Dann hob er sein Glas erneut und wiederholte langsam die Worte in seiner eigenen Sprache, mit einem bedeutungsvollen Blick auf den Gouverneur.

Der alte Mann leerte seinen Kelch bis auf den Rest, dann wandte er sich mit gerötetem Gesicht dem Engländer zu und legte seine Hand auf sein Schwert.

Meine liebe Geliebte dachte nicht mehr an Klugheit – denn Melinzas Worte waren ein direkter Vorwurf der Feigheit gewesen – und so nahm er als Antwort den zerbrechlichen Kelch vom Tisch und warf ihn dem jüngeren Spanier ins Gesicht.

Auf dem Steinpflaster klimperten Glasscherben, und Melinza wischte sich den Rotwein von der Wange. Dann hielt er das fleckige Tuch vor die Augen meiner lieben Geliebten und sprach ein paar Worte mit seiner sanftesten Stimme.

Ein wütendes Lächeln huschte über das Gesicht meiner Verlobten; Als Antwort verneigte er sich steif.

Der Gouverneur mit den trüben Augen unterbrach sich hitzig, die Hand immer noch auf dem Schwert; Seine trüben Augen verengten sich, und das Blut stieg ihm noch höher in die faltige Wange. Aber sein Neffe legte eine zurückhaltende Hand auf seinen Arm und wies mit einer weiteren lachenden Rede und einer tiefen Verbeugung vor Mr. Rivers auf die Tür.

Ich sah, wie die drei durch den Durchgang gingen, der zum Straßeneingang führte. Ich hörte das Knarren der Scharniere und das Klirren der Stangen, als sie wieder einrasteten. Dann ließ mich ein starker, süßer Geruch zerdrückter Blüten ohnmächtig werden. Ich ließ die Ranken los und trat mit plötzlichem Atemnot zurück.

Die Frau neben mir packte mich ein zweites Mal am Arm und zog mich noch weiter den mondbeschienenen Weg hinunter.

„Ist er wirklich ein Schwertkämpfer, dieser gute Kavalier von dir?" forderte sie, packte mich fest an der Schulter und musterte mein Gesicht mit ihren verächtlichen Augen.

Dann kamen meine Sinne zu mir: Ich wusste, was passiert war – was zwangsläufig folgen würde; und ich begann wild zu reden und sie zu beten, um Blutvergießen zwischen ihnen zu verhindern.

Ich weiß kaum, was ich gesagt habe; aber die Worte strömten über meine Lippen, und aus großer Verzweiflung hielt ich sie nicht zurück. Ich erzählte ihr von meinem Waisenzustand – von diesem einsamen Grab auf Barbados und der traurigen jungen Mutter, die an gebrochenem Herzen gestorben war; Ich sprach von der langen, langen Reise über die Meere , der Liebe, die in mein Leben gekommen war, und den Träumen und Hoffnungen, die unsere Gedanken erfüllt hatten, als wir die schönen, fremden Küsten dieses neuen Landes erreichten; und ich betete sie, da sie eine Frau und eine Ehefrau war, dass meiner lieben Liebe kein Schaden zugefügt würde.

schönes Gesicht wie Ihres braucht nicht den Vorrang eines englischen Fremden, der ohnehin eine Vorliebe für blaue Augen und gelbes Haar hat. Ich gebe Ihnen zu, dass er einen traurigen Geschmack hat; aber oh! Ich bitte dich, hör auf mit diesem Duell!"

Sie löste ihre Hand aus meiner Umklammerung und sah mich einen Moment lang schweigend an; dann lachte sie bitter.

„Du kleiner Narr! Du kleiner blauäugiger Narr! Was sehen Männer in deinem Gesicht, das sie so bewegt? Ein Maler könnte dich wegen des Goldes deiner Haare, deiner weißen Stirn und deiner blauen Augen lieben – sie würden es tun ziere einen abgebildeten Heiligen über einem Schrein, – aber für die Küsse eines Mannes und eine solche Liebe, die ihn dazu verleiten könnte, sein Leben für dich zu riskieren, – *cielos* ! es ist mehr als seltsam." Dann, als ich stumm vor ihr stand, klopfte sie mir leicht auf die Wange. „Geh zu! Bist du so ein Narr zu glauben, dass *eines der beiden Schwerter um meiner* Schönheit willen gezogen wird?“

KAPITEL VIII.

IN DIESER Nacht hatte ich nur wenig Schlaf.

Ungefähr eine Stunde nach Mitternacht herrschte große Aufregung im Haus und man hörte das Geräusch sich öffnender Türen und eiliger Schritte. Die ungewöhnlichen Geräusche machten mir Angst. Ich lehnte mich mit klopfendem Herzen an die Tür und lauschte. Welche bösen Nachrichten deuteten diese Geräusche an? In der Stimme einer Frau war ein lauter Aufschrei zu hören – der Stimme von Doña Orosia .

Ich hatte das Gefühl, dass ich wissen musste, welches Chaos das Schicksal in den letzten Stunden angerichtet hatte. Ich sah Barbara an – sie schlummerte friedlich auf ihrem harten Bett; Das Mondlicht, das durch das vergitterte Fenster strömte, zeigte mir ihr verdorrtes Gesicht, entspannt in fast kindlicher Ruhe. Ich würde sie nicht wecken – es war ein Segen, zu schlafen und zu vergessen; aber *ich* wagte nicht zu schlafen, denn ich wusste nicht, was der Schrecken meines Erwachens sein würde. Die Wange dicht an die Tür gedrückt, wartete ich noch einen Moment. Vielleicht haben nur diese Bretter zwischen mir und der Tragödie meines Lebens gestanden!

Ich legte meine Hand auf den Riegel. Ich hatte Angst, die Wahrheit zu erfahren – und doch, wenn ich sie nicht hörte, musste ich vor Angst sterben. Langsam drehte ich den Schlüssel und hob die Riegel: Die Tür schwang auf.

Ich trat auf den Balkon hinaus, der den Hof überragte, und blickte hinüber. Es war niemand zu sehen; Das weiße Mondlicht lag über allem, und ein starker Duft stieg von den Blumen im Garten dahinter auf.

Ich schlich die Treppe hinunter und blieb mitten im leeren Hof stehen. In meiner Nähe erklangen Stimmen, aber ich wusste nicht, woher sie kamen. Immer noch zitternd ging ich auf den Gang zu, der zur Außentür führte, und sah, dass es taghell war. Die Tür stand offen. Diejenigen, die zuletzt ausgegangen waren, waren seltsam vergesslich – oder sehr aufgeregt.

Ohne zu wissen, was ich tat, überquerte ich die Schwelle und eilte die Straße hinunter in Richtung der Festung.

An der Ecke stand eine Gruppe von drei Männern. Als ich sie sah, blieb ich stehen und versteckte mich im Schatten der Mauer; Aber als einer von ihnen sein Gesicht mir zuwandte, erkannte ich Kapitän Baulk, und als ich schnell vorwärts ging, legte ich meine Hand auf seinen Arm.

„Wie geht es ihm? Wo haben sie ihn hingebracht?" Ich flüsterte.

„Was! Ist das nicht Herrin Tudor? Haben sie dich denn ins Wasser geworfen? Herr, es ist ein gebrechliches Schiff, bei so schlechtem Wetter außerhalb des Hafens zu sein !"

"Wie geht es ihm?" Ich wiederholte es und verstärkte meinen Griff um seinen Ärmel.

„Tot wie ein eingelegter Hering, armer Junge !"

Als ich fiel, prallte mein Kopf schwer gegen die Wand, aber ich schrie nicht auf.

„Versenken Sie mich! Aber das arme Mädchen dachte, ich meinte Mr. Rivers!" Ich hörte den alten Seemann ausrufen, als er neben mir auf die Knie fiel – und die Worte hielten meine geschwächten Sinne zurück.

„Wen meinten Sie?" Ich keuchte.

„Der junge Poole wurde zu Tode getötet, Herrin Margaret. Ein so ehrlicher Junge, wie er je gelebt hat – mehr ist schade!"

Ich kämpfte darum, mich aufzurichten, und rief: „Was sagen Sie mir? Haben sie den Jungen aus purer Bosheit gegen seinen Herrn getötet? Und wo ist Mr. Rivers?"

Sie gaben mir keine Antwort.

„Er ist also tot! Ich wusste es, mein Herz sagte es mir!"

„Eh! armes Mädchen! So schlimm ist das nicht – und doch schlimm genug. Sie haben genug Ketten an ihn gehängt, um ein Kriegsschiff zu verankern, und haben ihn im Kerker der Festung festgemacht. D – n „ Sie für eine Truppe von heimtückischen Pelzhändlern! – und er ist der Cousin eines englischen Grafen!"

„Kannst du mir nicht eine ehrliche Geschichte erzählen?" Ich weinte. „Was hat er getan, dass ihm so schlecht gedient wurde? Und wer ist die Feindschaft dahinter – die von Melinza oder die des Gouverneurs?"

„Herrgott!" rief einer der Matrosen, „der junge Don hat keine Rache mehr, Herrin. Wenn er die Nacht überlebt, ist das mehr, als ich mir vorstellen kann."

„Hier, jetzt lass mich die Geschichte erzählen, Junge", warf der alte Kapitän ein. „ Es war ein Duell, das begann, Herrin Tudor. Die jungen Leute waren nach dem Kampf so eifrig, dass sie nicht auf den Sonnenaufgang warten konnten, sondern es unbedingt bei Mondlicht am Strand austragen mussten. Es war dort drüben , im Windschatten der Burgmauern ."

„Mr. Rivers und Don Pedro?"

„Ja, Herrin. Der Gouverneur war nicht da – wahrscheinlich wusste er nichts davon."

"Nicht so!" Ich weinte: „Er hatte seinen Anteil am Streit, und sie verließen gemeinsam das Haus."

„Vielleicht", sagte Kapitän Baulk, „ich würde es nicht leugnen – denn ich vertraue keinem von ihnen; aber er zog es vor, mit geschlossenem Wetterauge zu gehen, anstatt Vorsichtsmaßnahmen gegen den Sturm zu treffen. Also hatten sie alles raus." allein – und keiner von uns war auch nur im Geringsten klüger, außer dem jungen Poole, der geahnt hatte, dass etwas nicht stimmte, und seinem Herrn folgte."

„Was dann? Sprechen Sie schnell! Wurde Mr. Rivers verwundet?"

„Er nicht! Das heißt, nicht durch irgendeinen Vorstoß des Don. Herr, aber es muss ein hübscher Kampf gewesen sein!

„Im Namen der Barmherzigkeit, Herr, sprechen Sie Klartext!"

„Ja, meine junge Herrin, aber gib mir Zeit und ich werde es tun. Mr. Rivers geriet schon bald in einen solchen Schub, dass der Don so plötzlich vor ihm unterging wie ein Schiff mit dem ganzen Rumpfofen. Er lag gestrandet, während das Blut in einem dunklen Strom über den weißen Sand floss. Unser junger Herr, tapferes Herz, warf sein Schwert weg und fiel neben dem Spanier nieder und bemühte sich, seine Wunden zu stillen, wobei er laut um Hilfe schrie. Wer sollte ihn hören Aber der junge Poole und dieser gelbe Teufel von Tomas! Sie kamen von entgegengesetzten Seiten, und Poole war im Schatten, sodass der andere ihn nicht sah. Der Mulatte lief nebenher und als er sah, dass es der Don war, der gefallen war, schlug er zu Er zog ein Messer aus seinem Gürtel und schlug auf unseren jungen Herrn ein, der dort auf dem Boden kniete. Nein, nun, nehmen Sie es nicht auf! Habe ich nicht gesagt, dass er nur wenig verletzt war? Hatte ihn der Schlag ziemlich in den Rücken getroffen? Wie es sein sollte, hätte es ihm zweifellos ein Ende gemacht; aber Poole war zur Rettung, der arme Junge ! Er warf sich gerade noch rechtzeitig auf den Mulatten. Das Messer hatte Mr. Rivers kaum an der Schulter gestreift; aber der junge Tomas ließ ihn nie los. Er und der treue Junge rollten zusammen auf dem Boden – und Poole stand nie wieder auf. Sein Körper war an einem Dutzend Stellen durchstochen. Mr. Rivers hatte keine Zeit einzugreifen; Bevor er sich von den Knien erheben oder auch nur die Hand ausstrecken konnte, um sein Schwert zu ergreifen, hatten ihm ein Dutzend Soldaten die Hände aufgelegt. Dieser Teufel von Tomas beendete sein böses Werk, rappelte sich dann auf und ging weg; Niemals hat jemand einen Finger auf ihn gelegt oder sich über die schlechte Tat geschämt!"

Der alte Seemann hielt inne und jeder Mann der Gruppe stieß mit zusammengebissenen Zähnen einen Fluch aus.

„Sie haben Mr. Rivers in den Kerker der Festung gebracht?" Ich flüsterte.
„Ja, so sagen sie es uns. Keiner von uns war da, was vielleicht unserem
Nacken zugute kommt – aber ich wünschte, wir hätten die Chance gehabt,
einen Schlag zu versetzen, um den armen Jungen zu verteidigen ."
„Und der Spanier – Don Pedro?"
„Sie haben ihn vor einiger Zeit in das Haus des Gouverneurs getragen. Ich
glaube, seine Wunde ist tödlich."
„Dann hat er seinen Tod auf sich genommen, denn er hat Mr. Rivers in den
Streit gezwungen", erklärte ich hastig.
„ Das musste kommen", gab Kapitän Baulk zu, „es gab von Anfang an böses
Blut zwischen ihnen. Aber was sollen wir mit dir machen, Herrin? Haben sie
dich wütend rausgeschmissen?"
„Nein", rief ich, „ich hörte eine große Unruhe und eilte hinaus, um nach der
Ursache zu suchen. Die Außentür blieb unverriegelt."

„Na, Herrin, wir sollten uns am besten noch einmal auf den Weg dorthin
machen, bevor es schließt! Dies ist keine Stunde und kein Ort für ein junges
Dienstmädchen, um alleine draußen zu sein." Er nahm mich bei der Hand
und führte mich den Weg zurück, den ich gekommen war; aber wir waren zu
spät. Der Eingang war für uns verschlossen und verriegelt.

„Was ist nun zu tun?" rief der alte Seemann bestürzt aus.

Ich war zu niedergeschlagen und benommen von der schlechten Nachricht,
um vorher an meine Unvorsichtigkeit zu denken; aber jetzt wurde mir klar,
wie sehr unklug ich gehandelt hatte. Ich wandte mich hastig an den alten
Kapitän.

„Geh und verlass mich, mein guter Freund", sagte ich. „Ich habe schon
genug Ärger gemacht. Ich muss mich nicht noch mehr verantworten. Ich
werde hier warten und jemanden rufen , der für mich öffnet. Es ist besser
für mich, zu sagen, was die Wahrheit ist – dass ich abgeirrt bin." in meiner
Angst. Geh, ich bitte dich, und sei diskret in deinem Verhalten, damit sie
keinen gerechten Grund haben, dich auch einzusperren.

Er sah die Weisheit darin ein und verschwand außer Sichtweite, während ich
mit aller Kraft gegen die Tür hämmerte.

Einen Augenblick später erklangen Schritte von drinnen, die Gitter fielen
und die Tür wurde zurückgezogen. Es war der Gouverneur selbst, der dort
stand. Er sah mich erstaunt an, als er zur Seite trat, damit ich vorbeigehen
konnte.

Ich versuchte keine Erklärung; denn ich wusste, dass er mich nicht verstehen
konnte. Zweifellos würde er es seiner Dame sagen und sie würde mich zur
Rechenschaft ziehen. Langsam stieg ich auf den Balkon darüber und öffnete
die Tür meiner Kammer.

Die Dame schlief immer noch friedlich. Ich ging leise zum Fenster und kniete nieder. Mein Herz schmerzte wegen des treuen Jungen, der bei der Verteidigung von Mr. Rivers gestorben war. Armer Junge! Er hatte keine Mutter – ich frage mich, ob es irgendwo ein kleines Mädchen gab, das er liebte? Aber nein, dafür war er jung. Ich glaube, seine Liebe gehörte ausschließlich seinem Herrn. Und für diejenigen zu sterben, die wir am meisten lieben, ist kein so trauriges Schicksal wie für ihr Verderben zu leben!

Die heißen Tränen liefen mir übers Gesicht. Ich lehnte meine Wange gegen die Gitterstäbe und ließ meinen Gedanken freien Lauf, die so schnell wie Brieftauben zu meiner lieben Liebe in seiner Kerkerzelle flogen.

Oh! Ich wünschte, dass alle Gebete, die ich bete, und alle zärtlichen Gedanken, die ich an ihn denke, Flügel in der Wahrheit hätten; und dass sie, nachdem sie in den Himmel geflogen waren, von dort etwas Balsam, etwas Essenz göttlichen Mitleids, mitnehmen könnten, um ihn in seiner Einsamkeit aufzuheitern! Wenn es so wäre, dann gäbe es einen nie endenden Flug, von dem vergitterten Fenster, an dem ich knie, hinauf und hinunter zu dem schmalen Schlitz in seiner Gefängnismauer, zwei leuchtende Reihen flatternder weißer Flügel, die all die langen Nächte hindurch kommen und gehen !

KAPITEL IX.

VIELE Tage sind vergangen, seit ich begonnen habe, diese Seiten zu schreiben.

Den ganzen Morgen nach dieser schrecklichen Nacht wartete ich mit Barbara voller Angst darauf, dass Doña Orosias Zorn zum Vorschein kam. Aber es gab keine, und wir wurden an diesem Tag auch nicht herausgerufen. Es wurde uns Essen gebracht und wir blieben wie Gefangene in unserer Kammer. Don Pedro sei sehr niedergeschlagen, sagte uns der Diener, und die Dame des Gouverneurs pflegte ihn.

Eine Woche verging – die längste Woche, die ich je erlebt hatte – und dann hörten wir, dass Melinza sich erholen würde. Doch erst nachdem er vierzehn Tage krank gelegen hatte, besuchte mich Doña Orosia .

Ich saß am Fenster, den Kopf auf die Hand gestützt, und Barbara war gerade damit beschäftigt, die abgenutzten Stellen ihres Kleides zu nähen, als sich die Tür öffnete, um meine Gastgeberin einzulassen.

Sie kam direkt auf mich zu, mit einem Funkeln der Wut in ihren dunklen Augen. Die langen Nächte des ängstlichen Zuschauens hatten das Blut von ihrer glatten olivfarbenen Wange zurückgedrängt, und die roten Lippen wirkten umso röter als ihre ungewohnte Blässe. Sie legte eine Hand auf meinen Kopf und neigte sie nach hinten.

„Du kleiner blasser Idiot! Ich wünschte, du hättest nie einen Fuß in diese Stadt gesetzt", rief sie bitter.

„Ah! Madame, ich bin nicht aus freien Stücken gekommen", antwortete ich ihr. „Ich und meine liebe Liebe würden gerne von hier weggehen, und du hast uns die Mittel dazu gegeben!"

„Es ist wahrscheinlich, dass wir das tun werden", antwortete sie. „Es ist wahrscheinlich, dass der Gouverneur von San Augustin eine Galeere bereithält, die für die Bequemlichkeit von euch englischen Eindringlingen die Küste auf- und abwärts verkehrt! Heute Morgen sind zwei weitere von euch gekommen, vom Mönch in Santa Catalina."

„Zwei weitere englische Gefangene!" rief ich aus. „Wer sind sie, Madame?"

„Ich weiß es nicht, und es ist mir auch egal", sagte sie. „Ich mische mich nicht in Dinge ein, die mich nichts angehen. Ich komme jetzt hierher, aber um zu hören, wie Sie um Mitternacht auf der Straße waren. Wäre ich damals an der Stelle des Gouverneurs gewesen, hätte ich Ihnen die Tür vor der Nase zugeschlagen."

Ich sagte ihr die Wahrheit, wie es mir passiert war; und als sie es gehört hatte, hellte sich ihre Stirn etwas auf.

„Täuschst du mich? Du bist erst *nach* dem Duell von hier weggegangen?"

„Madame", sagte ich, „ich habe noch nie gelogen, und ich würde es auch jetzt nicht tun, wenn es mein Leben retten würde."

Ihre Lippen kräuselten sich leicht, als sie sich zum Gehen umdrehte. „Verlassen Sie diesen Raum also nicht, bis Don Pedro wieder gesund genug ist, um das Haus zu verlassen", sagte sie. „Wenn ich es verhindern könnte , würde er dir nie wieder ins Gesicht sehen." Sie hielt einen Moment inne und fügte dann hinzu: „Ich *werde* es verhindern!"

"Und so ist es!" Sagte ich und ich spürte, wie das Blut warm in meiner Wange brannte.

Sie drehte sich um und sah mich an, und ich begegnete ihrem Blick mit trotzigen Augen.

„Amen, Madame! – denn ich hasse ihn wirklich von ganzem Herzen!"

Sie stand still, ein langsames Purpurrot stieg in ihr blasses Gesicht, und ich zitterte ein wenig angesichts meines eigenen Wagemuts. Dann lachte sie mich zu meiner Überraschung aus.

„Glaubst du, dass du ihn verzweifelt hasst?" rief sie aus. „Dummes Kind, es liegt nicht in deiner Macht, diesen Mann so zu hassen wie ich, wie ich es jahrelang getan habe!" Und damit ging sie weg und ließ mich verwundert zurück.

KAPITEL X.

Juli , der 16. Tag.

Zwei Dinge sind in letzter Zeit passiert, um die traurige Monotonie meines Lebens innerhalb dieser Mauern zu durchbrechen.

Doña Orosia und Melinza hatten eine Meinungsverschiedenheit, die dazu führte, dass er – auf eigenen Wunsch – von hier abgesetzt wurde. Obwohl ich nichts über den Grund ihres Streits weiß, lassen Doña Orosias letzte Worte an mich neulich den Widerwillen des Mannes verstehen, hier in ihrer Obhut zu bleiben – und doch sagen sie, dass es ihre Pflege war, die ihm das Leben gerettet hat ! Ich wünschte, ich könnte alles verstehen!

Seit seiner Abreise habe ich die Freiheit des Hofes und Gartens; und gestern hatte ich zufällig eine Rede mit einem der neu angekommenen englischen Gefangenen.

Es war ein Tag schrecklicher Hitze gewesen, und gerade bei Einbruch der Dunkelheit wanderte ich ganz allein in den Garten. Es gibt eine hohe Mauer, die die Wohnung so verbindet, dass sie zusammen ein hohles Quadrat bilden. Diese Mauer besteht aus weichem grauem Stein; Es ist von guter Dicke und etwa mannsgroß. Entlang der Oberseite sind scharfe Spitzen angebracht; und in der Nähe einer Ecke befindet sich ein schmiedeeisernes Tor von großer Stärke, das sicher verschlossen bleibt.

Es kommt nicht oft vor, dass ich mich in die Nähe dieses Tores wage, denn es blickt auf die Straße, und ich möchte nicht von einem Indianer oder Mischlingsspanier gesehen werden, der vorbeibummelt; Aber als ich in der mit Weinreben bewachsenen Laube in der Mitte des Gartens stand, hörte ich aus der Richtung des Tors eine Männerstimme, die einen Stab mit einer maritimen Melodie summte, die ich von den Matrosen auf der Schaluppe immer wieder gesungen hatte. in dem eine unbekannte Messe einen leidenschaftlich dazu einlädt –

>„…seien Sie die Dame des Kapitäns !“

und ich wusste, dass es ein Freund sein musste. Also eilte ich dorthin und spähte auf die Straße.

Tatsächlich war es der alte Kapitän Baulk und mit ihm ein Herr, dessen Gesicht ich selbst in der Dämmerung gut kannte – es war kein anderer als Mr. John Collins aus Barbados (derselbe, der uns die Nachricht von meinen Armen überbracht hatte). Vaters Ende und einer unserer Mitpassagiere auf der *Three Brothers*).

Sie begrüßten mich beide sehr freundlich und erkundigten sich ernsthaft, wie es mir ginge und ob ich gut behandelt werde. Es scheint, als hätten sie tagelang versucht, mit mir zu reden, konnten aber niemanden finden, der mir eine Botschaft überbringen konnte; So hingen sie zwei Nächte lang am Tor herum und hofften, dass ich zufällig zu ihnen herauskommen würde.

Herr Collins erzählte mir, wie die Schaluppe mit Briefen an den Mönch und den Gouverneur von San Augustin nach Santa Catalina zurückgeschickt worden war und unsere Freilassung mit der Begründung forderte, dass zwischen den Kronen Englands und Spaniens nun Frieden herrsche Wir hatten keine feindselige Handlung begangen, unsere Gefangennahme war ungerechtfertigt. Aber Padre Ignacio hatte sie mit seiner glaubwürdigen Zunge an Land in seine Gewalt gebracht.

„Der Mann ist ein echter Teufel, wenn es um faire Worte und glatte Täuschungen geht", erklärte Mr. Collins. „Trotz aller Warnungen, die wir erhalten hatten, landeten einige von uns, ohne vorher Geiseln von den Indianern zu fordern; und als wir abreisen wollten, wurden zwei von uns gewaltsam festgehalten, weil wir nicht über die nötigen Ausweise verfügten , um unsere Ehrlichkeit zu beweisen. Tatsächlich sagte er beschuldigte uns, Piratenabsichten zu haben, obwohl wir nicht einmal eine Pistole gebrochen oder einen Barbaren an Bord gebracht hatten. Die Schaluppe blieb drei Tage lang stehen, machte sich aber schließlich auf den Weg und überließ uns den Händen des Padre. Er schickte uns in Kanus hierher , unter einer Bewachung von etwa zwanzig halbnackten Wilden mit geschorenen Kronen, die ebenso wenig bekehrte Christen sind wie die Unholde in der Hölle!"

Ich erkundigte mich dann nach Neuigkeiten über meinen Onkel, Dr Er erlitt während des Angriffs auf Santa Catalina eine Verletzung am Hals und war nicht reisefähig, obwohl die Wunde gut heilte – wofür Gott sei Dank!

Bisher haben alle Gefangenen, außer Mr. Rivers, die Freiheit der Stadt; aber Kapitän Baulk erklärte, er werde in der Festung festgehalten.

„In ganz San Augustin gibt es kaum zwei ehrliche Männer, die uns retten", sagte er. „In der Herberge, in der wir schlafen, wimmelt es nur so von schmutzigen, diebischen Mischlingen, die einem Mann ebenso bereitwillig die Kehle durchschneiden würden wie die eines Schweins . Auch wenn sie uns gegen unseren Willen als Gäste beherbergen, müssen wir unsere Rechnung selbst bezahlen; und eines schönen Abends – merken Sie sich das! – werden wir feststellen, dass uns unsere Geldbörsen fehlen.

„Dann geht der Gouverneur auf Kosten unserer Unterhaltung", sagte Herr Collins.

„ Das wird Gefängniskost sein, Sir“, grunzte der alte Seemann, „und wir können froh sein, wenn er es nicht billiger findet, uns über Bord zu werfen und damit fertig zu sein!“

„Tut! Mann, – halten Sie Ihre krächzende Zunge in der Gegenwart der armen jungen Dame“, flüsterte Mr. Collins; Aber ich hörte, was er sagte, und bat ihn, uns unsere wahre Lage zu erzählen und welche echte Hoffnung auf unsere Befreiung bestand.

„Es besteht jede Gewissheit“, sagte er. „Wenn die Nachricht ihre Lordschaften in England erreicht, werden sie es nicht versäumen, sich beim spanischen Rat zu beschweren – und sie haben keinen berechtigten Grund, sich zu weigern, uns freizulassen. Aber ich vertraue darauf, dass wir nicht darauf warten müssen. Wenn wir es getan hätten Als Gouverneur des Geistes hätte er anstelle eines ängstlichen alten Mannes wie Sayle bereits die Fregatte hierher geschickt, um uns von den Spaniern zu fordern. Es mangelt nicht an Männern, um das Unternehmen durchzuführen: Kapitän Brayne konnte kaum davon abgehalten werden, herabzustürzen auf die gesamte Garnison – wie es Rob Searle vor nicht allzu langer Zeit tat, als er Dr. Woodward aus ihren Fängen rettete.“

„Captain Brayne ! – die Fregatte! Meinen Sie, dass die *Carolina* angekommen ist?“

„Zwei Monate vor unserer Schaluppe“, erklärte Herr Collins; „Aber Gouverneur Sayle hat sie nach Virginia geschickt , um Vorräte zu holen, die uns allmählich ausgehen. Von der *Port Royal* hat man nichts gehört, daher befürchtet man, sie sei im Sturm untergegangen.“

Er erzählte mir weiter von der neuen Siedlung, die bereits an einem Ort namens Kiawah angelegt worden war – einem sehr schönen und fruchtbaren Land, das ich, Gott schenke, eines Tages vielleicht sehen werde!

Ich wiederum erzählte alles, was mir widerfahren war, seit wir diesen Ort erreicht hatten. Sie hörten mir sehr ernst zu und versprachen, im Bedarfsfall eine Möglichkeit zu finden, mit mir zu kommunizieren.

Dann, als es sehr spät wurde, trennten wir uns und versprachen, uns am nächsten Abend wiederzusehen; und ich schlich leise zurück zum Haus und in mein kleines Zimmer, sehr getröstet, dass ich nun einen würdigen Herrn wie Mr. Collins hatte, den ich beraten konnte; denn mit seinen Kenntnissen der spanischen Sprache und seinem gesunden Urteilsvermögen hoffe ich, dass er den Gouverneur zu unseren Gunsten beeinflussen kann .

Die Sonne geht jetzt unter, denke ich, obwohl ich sie von meinem Fenster aus nicht sehen kann; denn der ganze Himmel draußen ist schwach rosa, und jede Welle in der Bucht dreht sich wie eine errötende Wange nach Westen. Ich muss neben meinem Pferch liegen und nach einer Gelegenheit Ausschau halten, mit meinen beiden guten Freunden ein Rendezvous am Tor zu halten …

Neun der Uhr .

Gott hilf mir! Ich wartete im Garten, bis ich einen Pfiff hörte, und schlich wie zuvor zum Tor hinunter.

Ein Mann streckte seine Hand aus und erwischte meine durch die Gitterstäbe. Es war dieser abscheuliche Tomas – der Unglückliche, der meine liebe Liebe ermordet hätte! Ich schrie und floh, aber er rief mir auf Spanisch nach. Die Worte kamen mir fremd vor – aber der Tonfall seiner Stimme und das raue Lachen brauchten keinen Dolmetscher!

Als ich durch den Garten flog, zu verängstigt, um mich zu verstecken, trat Doña Orosia in den Hof und verlangte eine Erklärung. Ich wusste nicht, was ich sagen sollte, denn ich konnte den Beweggrund, der mich hinausgeschickt hatte, nicht preisgeben; Aber ich erzählte ihr, dass mich ein Mann vom Tor aus gerufen hatte, und als ich näher kam, um zu sehen, wer es sein könnte, erkannte ich den Diener von Melinza .

Zuerst schien sie an mir zu zweifeln, bis ich ihn näher beschrieb; Dann war sie sehr verärgert und verbot mir den Garten ganz.

„Wenn ich dich wieder allein hier finde", zischte sie und ergriff meine Schulter ohne sanften Griff, „wenn ich dich hier wieder finde, werde ich dir den Schlüssel umdrehen und dich in deiner Kammer gefangen halten."

Deshalb wage ich es jetzt nicht, mich über den Hof und die Balkone hinauszuwagen; und es wird keine Chance geben, mit Mr. Collins zu sprechen, es sei denn, er wagt es, unter mein Fenster zu treten, und es besteht wenig Hoffnung, dass er dies ungesehen tut, denn es ist von den Wällen der Festung aus gut sichtbar, wo tagsüber ein Wachposten auf und ab geht und Nacht.

KAPITEL XI.

AUGUST , der 7. Tag.

Als ich diese Geschichte unserer Gefangenschaft begann, hatte ich die Hoffnung, dass ich eine Möglichkeit finden würde, sie an Freunde in diesem Land oder in England zu senden, die sich für unsere Freilassung interessieren würden. Nach dem, was mir Herr Collins erzählt hat, bin ich mir jedoch sicher, dass die Nachricht von der Gefangennahme von Herrn Rivers bereits an ihre Lordschaften, die Eigentümer, geschickt wurde, und meine Aufzeichnungen scheinen jetzt nur noch verschwendete Arbeit zu sein . Doch von Zeit zu Zeit werde ich zu meinem eigenen Trost etwas hinzufügen; und vielleicht können ich und – ein anderer – eines Tages in Sicherheit und Freiheit gemeinsam die tränenüberströmten Seiten lesen.

Heute habe ich das siebzehnte Lebensjahr vollendet. Es ist ein doppelter Jahrestag, denn heute Abend vor einem Jahr – es war der Vorabend unserer Abreise aus England – habe ich meine liebe Geliebte zum ersten Mal gesehen.

Kann es sein, dass er in seinem traurigen Gefängnis die vergangenen Tage berücksichtigt hat und sich an jene Nacht erinnert – vor einem Jahr? „ Ich würde einem Mann ähnlicher sein , der erst dann an das Datum gedacht hätte, wenn es schon vergangen wäre – und doch frage ich mich sehr, ob er es vergessen hat.

Was mich betrifft, die Erinnerung hat all die Stunden mit mir gelebt, seit ich im Morgengrauen meine Augen geöffnet habe.

Ich sehe jetzt die hell erleuchtete Kabine der *Carolina* , wo der lange Esstisch für die vielen Passagiere gedeckt war, die am nächsten Morgen in eine neue Welt aufbrechen sollten. Irgendwie hatte ich mich von meinem Onkel, Dr. Scrivener, getrennt, und ich stand in der Kabinentür und hatte fast Angst, mich hineinzuwagen und den Blicken aller anwesenden Fremden zu begegnen. Ich spürte, wie die Farbe warm in meine Wange stieg, und meine Füße wollten unbedingt weglaufen , als Kapitän Henry Brayne , der tapfere und fröhliche Kommandant der Fregatte, mich erblickte, sich hastig erhob und mich zu einem Sitzplatz führte seine eigene rechte Hand.

(Ich erinnere mich, dass ich ein neues Kleid aus feinem blauen Stoff trug – eine weiche und zarte Farbe , die mir gut stand.)

Als ich meinen Platz einnahm, schaute ich mich schüchtern um und sah am anderen Ende des langen Tisches den galantesten Herrn, den ich in all meinen sechzehn Lebensjahren je gesehen hatte. Er sah mich direkt an, dann hob er sein Glas und sagte:

„Captain Brayne , ich gebe Ihnen *die Carolina und jeden Schatz, den sie enthält !*“

Als der Toast getrunken wurde, ertönte Gelächter, und mein Onkel – der erst in diesem Moment eingetreten war und neben mir Platz genommen hatte – bat mich um eine Erklärung.

„Nein, Dr. Scrivener“, sagte der fröhliche Kapitän, „es ist unwahrscheinlich, dass die kleine Dame anwesend war. Aber jetzt gebe ich Ihnen – *die Gesundheit von Mistress Tudor!* (und es wird nicht das erste Mal sein, dass dies beantragt wird.“ -Nacht!)"

Und das war erst vor einem Jahr. Ich hätte nie gedacht, dass ich mich mit siebzehn so alt fühlen könnte.

KAPITEL XII.

San Augustin's Day – 28. August.

Oh! aber ich war heute wütend!

Was? Wenn mein Verlobter im Gefängnis liegt, vielleicht krank oder sein tapferes Herz verärgert, soll ich dann herausgezerrt werden, um an einem Festumzug zur Unterhaltung seiner Gefängniswärter teilzunehmen? Ich hätte lieber die unterste Zelle im Kerker – ja! und verhungern und ersticken aus Mangel an Nahrung und Luft, als gezwungen zu sein, mich mit geliehener Tapferkeit zu schmücken, mähend und lächelnd in einem fröhlichen Pavillon zu sitzen und voller Freude in die Hände zu klatschen über die feinen Kavaliersmanieren des Mannes, den ich am meisten verabscheue !

Halten sie mich für einen so dämlichen kleinen Idioten, dass ich zu jedem Kurs gezwungen werden könnte, den sie wählen? Nein, dann haben sie eine Lektion gelernt. Oh, aber es ist gut, einmal richtig wütend zu sein!

Ich war so müde und krank im Herzen geworden, dass das Blut träge in meinen Adern kroch; meine Augen waren matt und schwer; Ich hatte Tag für Tag lustlos und mit untätigen Händen dagesessen und gewartet – darauf gewartet, dass ich nicht wusste, was! Deshalb hatte ich weder den Willen noch den Mut, mich der Frau des Gouverneurs zu widersetzen, als sie heute Morgen zu mir kam und mir befahl, das Kleid zu tragen, das sie mitgebracht hatte, mir eine Blume ins Haar zu stecken und mit ihr im Pavillon des Gouverneurs zu sitzen, um das zu sehen schöne Parade vorbei.

„Dies ist ein großartiger Tag in San Augustin", sagte sie, „denn der einhundertfünfte Jahrestag seiner Gründung durch die Spanier."

Da die Gefangenen früherer Zeiten zum Triumph ihrer Eroberer beitrugen, war es für mich wirklich passend, das wenige, was ich an Jugend und Fairness besaß, für die Gestaltung eines spanischen Feiertags zur Verfügung zu stellen!

Aber ich war damals zu mutlos, um eine Weigerung zu wagen. Ich senkte demütig den Kopf, während Chépa – die lächelnde, gutmütige Negerin – die raschelnden Falten des grünen Seidenunterrocks zusammenfasste und ihn mir über die Schultern streifte. Ich widersprach nicht, während sie die langen Locken meines gelben Haares drehte und drehte, sie mit einem hohen Kamm festhielt und einen Knoten aus schwarzem Samtband auf jedes der eigenwilligen kleinen Lockenbüschel band, die mir immer um die Ohren fielen.

Als alles fertig war und die Spitzenmantilla an meinem Kamm befestigt und um meine Schultern gelegt war, warf ich unter Barbaras

Bewunderungsschreien einen Blick in den Spiegel. Es war ein ungewohntes Bild, das ich dort sah, und mein blasses Gesicht errötete vor Beschämung darüber, dass es sich so gut für eine fremde Mode eignete.

Ich hätte in diesem Moment alle Tapferkeit aufgegeben; aber gerade dann kam eine Nachricht von Doña Orosia , die mich aufforderte, mich zu beeilen.

„Was ist mir jetzt wichtig?" Dachte ich müde; und als ich langsam in den Hof hinabstieg, nahm ich in dem geschlossenen Stuhl Platz, der wartete, und wurde der Dame des Gouverneurs nach zur Plaza getragen, wo sich am westlichen Ende, dem kleinen offenen Platz zugewandt, der fröhliche Pavillon befand.

Seine roten und gelben Banner leuchteten grell im heißen Sonnenlicht des Sommernachmittags, und die frische Meeresbrise ließ die Quasten und Luftschlangen flattern, wie Schmetterlinge, die über einem Blumenbeet schwebten.

Drei Seiten der Plaza waren von Zuschauern gesäumt, aber das östliche Ende, das sich zur Bucht hin öffnete, wurde für den Zutritt der Truppen freigehalten.

Gegen das schmale Geländer des kleinen Pavillons lehnte Doña Orosia , seltsam hell in einem Kleid aus schwarzer Spitze und Primelgelb, das die weichen Konturen ihres Halses und ihrer Wangen von blassem Oliv in reinstes Perlmutt verwandelte. Sie ließ sich herab, mir nur einen einzigen kalten, unfreundlichen Blick zuzuwerfen; Dann beugte sie sich wie zuvor nach vorne und schützte ihre Augen mit ihrem hochgehobenen Fächer vor dem grellen Glanz des sonnenverwöhnten Meeres.

Plötzlich kamen unter dem Klang der Trompeten und dem tiefen Klang der Trommeln die Truppen des Königs in Sicht, dreihundert Mann stark.

An der Spitze der kleinen Schar, die zu Fuß marschierte, ritten Melinza und der Gouverneur. Es war das erste Mal, dass ich ein Pferd in der Stadt sah.

Der alte Señor de Colis saß auf einem hübschen Braunen, der zu seinem offensichtlichsten Unbehagen unter ihm tänzelte und sich krümmte; aber Melinzas Sitz war großartig. Es war ein gesprenkelter Grauschimmel, den er ritt, mit wallender Mähne und silbrig-weißem Schweif; An der gekräuselten Stirnlocke war eine purpurrote Rosette befestigt, und die lange Schabracke war reich bestickt.

Als die kleine Gruppe über den Platz fegte, grüßten die beiden Reiter unseren Pavillon. Don Pedro hob seinen Federhut hoch, und ich sah, dass sein Gesicht von der jüngsten Wunde blass war, aber die kühnen schwarzen Augen leuchteten so hell wie nie zuvor.

Ich zog mich hastig von der Vorderseite des Pavillons zurück und machte keinen Anstalten , seinen Gruß zu erwidern. Dann sprach Doña Orosia zum ersten Mal, seit ich neben ihr Platz genommen hatte, zu mir.

„Warum so wenig Höflichkeit?" fragte sie mit hochgezogenen Brauen.

„Madame", antwortete ich, „wäre meine Verlobte hier an meiner Seite gewesen, ein Ehrengast , hätte ich mehr Gnade zur Verfügung gehabt."

"Was!" rief sie, „hast du noch keine Zeit gehabt, deinen streitsüchtigen Kavalier zu vergessen?"

„Ich werde ihn vergessen, Madame, wenn ich mich nicht mehr an den Verrat derer erinnere, die sich seine Entertainer nannten."

Sie errötete wütend. „Deine Zunge hat mehr Geist als dein Gesicht. Ich frage mich, ob du den Mut hast, mir das zu sagen."

„Ich traue mich, denn ich habe nichts mehr zu verlieren, Madame!"

„ Sagst du das? Wäre es dir lieber, wenn ich dich in Melinzas Obhut übergebe ?"

"Nein!" Ich schrie: „Das könntest du nicht – ein solcher Unglaube würde sogar die Grenzen des spanischen Verrats überschreiten! Und du würdest es nicht – es würde dir besser gefallen, *wenn er nie wieder mein Gesicht sehen würde* ! Ich wundere mich nur, dass du mich hierher hättest bringen sollen." -Tag!"

Sie öffnete ihre Lippen, um zu sprechen; Aber der Klang der Posaunen übertönte die Worte, und sie wandte sich von mir ab.

Die Truppen waren in einer Reihe über den Platz aufgestellt: rechts die spanischen Stammsoldaten der Garnison; links die Milizkompanien, die während unseres Gesprächs aufgetaucht waren. Letztere bestanden zum größten Teil aus Mulatten und Mischlingsindianern – einer dunkelhäutigen, hässlich aussehenden Truppe, die eher für einen wilden Krieg aus Heimlichkeit, Hinterhalt und vergifteten Pfeilen geeignet zu sein schien als für tapfere Taten und ehrliche Schwertkämpfe. spielen.

Die verschiedenen Manöver der Truppen unter der geschickten Führung von Don Pedro beschäftigten unsere Aufmerksamkeit mehr als eine Stunde lang, währenddessen schien mein Begleiter meine Anwesenheit überhaupt nicht zu bemerken. Sie saß regungslos da, bis auf das Schwanken ihres Fächers. Nur ein einziges Mal drückte ihr Gesicht etwas anderes als starre Aufmerksamkeit aus – und das war, als ein plötzlicher Trompetenstoß das Pferd des Gouverneurs zum Sturz brachte und der alte Mann auf dem Sattelknauf nach vorne taumelte, wobei sein Federhut ihm über die Augen rutschte.

Einen Moment lang stand der schwankende Fächer still; Ein leises Lachen ertönte in meinem Ohr, und als ich mich umdrehte, sah ich, wie die roten Lippen der Dame des Gouverneurs eine sehr verächtliche Kurve annahmen.

Sie empfing ihn jedoch recht freundlich, als er nach Beendigung der Besprechung abstieg und sich zu uns in den Pavillon gesellte.

Melinza hatte sich mit den Truppen zurückgezogen; Doch gerade als die letzte Reihe aus dem Blickfeld verschwand, galoppierte er mit voller Geschwindigkeit zurück, warf sich aus dem Sattel, warf die Zügel einem Diener zu und stieg die Treppe zum Pavillon hinauf.

Ich hatte das Gefühl, dass Doña Orosias Blick auf mich gerichtet war, und ich glaubte, dass sie mich trotz meiner Feindseligkeit gegenüber dem Mann mochte. Vielleicht hat mir das Mut gemacht – ich weiß es nicht – ich glaube, ich hätte seine Hand auf keinen Fall berührt.

Er errötete tief, als ich beides hinter meinen Rücken steckte; Dann beugte er sich mit äußerster Unverschämtheit vor und riss eine kleine schwarze Rosette weg, die sich aus meinen Locken gelöst hatte und auf meine Schulter rutschte. Dies hob er lachend an die Lippen und befestigte es dann an seiner Brust.

Ich war zutiefst verärgert und suchte nach einer Möglichkeit zur Vergeltung, die ihm die Verachtung zeigen würde, die ich ihm entgegenbrachte.

Am Fuße des Pavillons stand der Jugendliche, der Melinzas Pferd hielt.

Ich beugte mich über das Geländer, löste schnell den Burschen mit der Rosette, den Don Pedro trug, aus meinem Haar, warf ihn dem Jungen unten zu und sagte in fast den einzigen spanischen Worten, die ich kannte:

"Es ist ein Geschenk!"

Melinzas Gesicht wurde weiß vor Wut; er riss das Stück vom Band ab und drückte es unter seine Ferse; Dann schritt er die Treppe hinunter, bestieg sein Pferd und ritt davon.

Die Dame des Gouverneurs beobachtete ihn, bis er außer Sichtweite war; dann sagte sie mit einem seltsamen Lächeln zu mir:

„Ich wusste noch nie , dass in blauen Augen so viel Feuer steckt. Ich denke, mein kleiner Heiliger, es ist an der Zeit, dass ich dich zu deiner alten Duenna zurückschicke.“

„Ich würde dir für so viel Gnade danken!“ war meine Antwort. Und zurück zu Barbara wurde ich sofort geschickt .

Aber obwohl ich einige Stunden in meiner Kammer verbracht habe, hat sich meine Empörung nicht abgekühlt. Der bloße Anblick des Gesichtsausdrucks dieses Mannes ist mehr, als ich ertragen kann!

Ich bin fest entschlossen, niemals einen Fuß vor meine Tür zu setzen, wenn die Möglichkeit besteht, ihm zu begegnen, und deshalb werde ich die Frau des Gouverneurs informieren, wenn sie zurückkommt ...

Sie lacht mich aus! Sie erklärt, dass ich alles tun werde, was ihr gefällt! Und was ist meine kümmerliche Stärke im Vergleich zu ihr? Mit aller Willenskraft der Welt, ihr zu widerstehen, bin ich wie Wachs in ihren Händen!

KAPITEL XIII.

Der erste Tag im März.

Sechs Monate lang habe ich dieser Aufzeichnung nichts hinzugefügt; Allerdings habe ich immer wieder zum Schreiben die Feder in die Hand genommen und sie dann weggelegt, ohne dass auf der frischen Seite ein Abdruck zu sehen war. Kann man Kummer in Worte fassen? Kann Einsamkeit und Sehnsucht, die Verzweiflung eines Menschen, der kein menschliches Geschöpf hat, dem er Liebe und Fürsorge entgegenbringen kann, das stumpfe Elend, das nur diejenigen kennen, deren beste Geliebte die schlimmsten Leiden dieses traurigen Lebens erleiden, all das können gesagt werden? Ah nein! man kann sie nur fühlen – ertragen – und von ihnen erdrückt werden.

Wenn die gute alte Dame nicht gewesen wäre, weiß ich nicht, was aus mir geworden wäre. Viele Tage und viele Nächte habe ich mich stundenlang an sie geklammert und weinte – und laut geschrien: „Ich kann es nicht ertragen! Ich kann es nicht!" Welche andere Wahl blieb mir, als es zu ertragen? Und Tränen können nicht ewig fließen; Die Ruhe völliger Müdigkeit gelingt.

Es ist nicht so, dass ich schlecht behandelt worden wäre . Ich bin gut untergebracht, hübsch gekleidet und ernährt. Sofern Melinza – oder ein anderer Gast – nicht anwesend ist, sitze ich am Tisch des Gouverneurs. Seine Frau macht aus mir eine Mischung aus Gefährte und Spielzeug: Einen Moment lang muss ich ihre launische Freundlichkeit ertragen; Im nächsten Moment werde ich gehänselt oder von ihr vertrieben, und zwar mit so wenig Höflichkeit, wie sie dem edlen Hund gegenüber zeigt, der ihr wie ihr eigener Schatten folgt.

Melinza gesehen . Zu Beginn des Winters reiste er nach Habana und blieb dort zwei Monate lang abwesend. Während dieser Zeit hatte ich mehr Seelenfrieden als jemals zuvor, seit wir hierherkamen. Aber seit seiner Rückkehr hat er auf verschiedene Weise versucht, sich in meine Gegenwart zu zwingen; und Doña Orosia , die mich so leicht beschützen könnte, wenn sie wollte, erlaubt ihm, bevor sie zu meiner Ablösung kommt, mich zu ärgern, bis ich bis zur leidenschaftlichen Abneigung erregt bin. Man könnte fast meinen, dass sie es liebt, mich leiden zu sehen – es sei denn, es ist der Anblick seines Unbehagens, der ihr solche Befriedigung verschafft.

Aber das alles könnte ich ertragen, wenn nur meine liebe Liebe frei wäre! Ich habe gehört, dass er krank ist. Es kann sein, dass es nicht wahr ist – Gott gebe es, dass es nicht wahr ist! Dennoch ist es mehr als möglich, auch wenn mir das Gerücht auf Umwegen und schließlich über den Mund der alten Barbara zu Ohren gekommen ist (und sie neigt immer dazu, das Schlimmste zu denken!). Ich selbst habe etwas unter dieser langen Gefangenschaft gelitten; und um wie viel schlimmer ist er!

Ich habe versucht, mich zu beschäftigen, um meine Gedanken davon abzuhalten, für immer bei unserem unglücklichen Zustand zu verweilen. In den letzten sechs Monaten habe ich die spanische Sprache so gut beherrscht, dass ich mich jetzt darin leichter unterhalten kann als auf Französisch. Der Gouverneur erklärt, dass ich den richtigen Tonfall habe; und sogar Doña Orosia gibt zu, dass ich ein gewisses Talent bewiesen habe. Mir ist es egal, dass es nur eine Leistung ist; aber ich hoffe, dass das Wissen von Nutzen sein kann, falls wir jemals einen Fluchtversuch unternehmen sollten. (Welche Fluchtmöglichkeit besteht jedoch, wenn Mr. Rivers sich innerhalb von Steinmauern aufhält und ich nicht einmal die Möglichkeit habe, mit Mr. Collins ein Gespräch zu führen?)

Gunst bei der Frau des Gouverneurs eingebracht hat als alles andere. Eines Tages entdeckte sie, dass ich einigermaßen geschickt auf der Laute bin und dass es meiner Stimme nicht an Süße mangelt; und jetzt wird sie mich stundenlang vorsingen lassen, bis meine Kehle erschöpft ist und ich um Ruhe flehen muss.

Ich hatte kürzlich ein Gespräch mit ihr, das mich seitdem stündlich verfolgt; denn es zeigte mir eine Seite ihres Wesens, die ich vorher nicht gesehen hatte, und das lässt mich denken, dass hinter ihrer Launenhaftigkeit und Gereiztheit ein tiefer Zweck verborgen liegt.

Ich hatte meine Liederliste erschöpft, und als sie immer noch mehr verlangte , fiel mir eine seltsame alte Ballade ein, die ich vor vielen Jahren gehört hatte. Die Luft entzog sich mir für eine Weile; aber meine Finger, die über die Saiten glitten, verfielen plötzlich in die klagende Melodie; damit kamen auch die Worte zu mir zurück.

Ich sagte meiner Liebe mit Tränen Abschied ;
Er verabschiedete sich von mir. „
Wie soll ich die langen, langen Jahre überstehen?“
„Ich muss weg sein “, sagte er.

Die Tränentücher Von meinem een tat rin
Wie Wasser aus einer Quelle;
Aber während ich mich bedanke , kam meine Liebe herein
, um zu schlemmen und zu schwelgen!

Die Tränentücher frae mine een hat Salz als salzige Flut
gestartet :

Sae Sair mein Kummer, sae fu' mein Herz,
ich weinte einen Fluss weit.

Adoon , dieser Strom, mein Mann, umherstreifte
und überquerte das tränenreiche Meer.
Oh, was bekomme ich wirklich , wahre Liebe
, um in Hame zu bleiben? mit mir?

Die langen, langen Jahre werden sie nicht vergehen;
Mein Herr ist immer noch weg .
Vielleicht liebt er ein schöneres Mädchen –
O wehe, der schlimmste Ava!

Wie kann ich meinen Geliebten bitten ?
Ich werde die Tränen der Meere trinken!
Mein roter Mund zu ihrem salzigen Faem ,
ich werde sie auf die Hefe abtropfen lassen!

Dann kommt Gin, na hameward Bald
ist seine wahre Liebe zu heiraten,
ich werde meine Klamotten anziehen und meine Schuhe anziehen
und den trockenen Meeresgrund überqueren.

„ Oh, in deinem Herzen, meine Liebe, mein Herr,
mach Platz, mach Platz für mich;
oder zu deinen Füßen, bei meinem wahren Wort, soll
das Grab deiner Dame sein!"

„Eine melancholische Stimmung, doch mit einer angenehmen Traurigkeit in
den Moll-Kadenzen", kommentierte Doña Orosia , als ich aufgehört hatte.
„Übersetzen Sie mir die Wörter, Ihr Spanisch reicht aus."

„Das ist es nicht, fürchte ich", war meine Antwort, „und die Aufgabe
übersteigt meine Aufgabe aus dem weiteren Grund, dass das Lied nicht
einmal Englisch ist, sondern in einem schottischen Dialekt. Es ist nur die
Klage einer armen Dame." deren Verstand in ihrem langen Warten auf einen
treulosen Liebhaber in die Irre gegangen zu sein scheint" – und ich gab ihr
den Sinn der Verse, so gut ich konnte.

„Nein", sagte die Spanierin mit einem seltsamen Lächeln. „Sie hat mehr Witz,
als Sie ihr zutrauen. Merken Sie sich, die Flut der Tränen einer Frau trägt
einen Mann weiter als ein mächtiger Fluss, und ihre Seufzer treiben ihn
schneller davon als der stärkste Sturm. Und sobald er gegangen ist, Eine
solche Erinnerung an sie mitzunehmen, wäre für sie viel einfacher, den

Ozean auszutrinken, als ihn nach Hause zu locken. Denn wenn ein Mann nur vermutet, dass eine Frau ihr das Herz für ihn brechen *könnte* , und er – ist mehr als zufrieden damit, sie das machen zu lassen!"

Sie hielt inne; aber ich gab keine Antwort, da ich keine auf meiner Zunge hatte. Dann fügte sie hinzu: „Wenn eine Frau einmal die Torheit begeht, für sich selbst zu plädieren, ermordet sie in diesem Moment die Liebe; und jede Träne, die sie danach vergießt, wird zu einem weiteren Klumpen auf seinem Grab. Es bleibt ihr nur noch eines zu tun –"

„Sich selbst sterben!" Ich murmelte.

„Nein, Kind! Um zu leben und Rache zu nehmen!" Sie drehte mir ihr gerötetes Gesicht zu; und obwohl das Wasser in ihren Augen stand, waren sie hart und wütend. „Um sich zu rächen! Pläne zu schmieden und Pläne zu schmieden; geduldig auf ihre Zeit zu warten; den Wunsch seines Herzens zu studieren und ihn zu fördern; und dann –"

"Und dann?" „Fragte ich leise, und kleine Schauer der Abscheu überliefen mich von Kopf bis Fuß.

„ Um es ihm zu rauben. "

Die Worte wurden bewusst gesprochen, mit einer klangvollen und langsamen Stimme. Es war nicht wie der Ausbruch eines augenblicklichen Impulses – das plötzliche Klirren einer Harfensaite , die grob angeschlagen wurde; Es geschah vielmehr mit der schicksalhaften Betonung einer Uhr, die die Stunde schlägt, angekündigt durch einen ahnungsvollen Köcher – eine Zusammenkunft innerer Kräfte, die lange Augenblicke auf diese letzte Äußerung gewartet hatten.

Was war das für eine Frau? Ich hielt den Atem an und stieß einen kleinen, zitternden Schrei aus.

Doña Orosia drehte sich schnell um.

„Geh! Verlass mich!" Sie weinte. „Zögst du? Kann ich dich nie loswerden? Aus meinen Augen! Ich hätte einen Moment Ruhe vor deinen tollen Augen und deinem weißen Gesicht. Geh!

Und ich gehorchte ihr.

KAPITEL XIV.

MÄRZ , der 9. Tag.

Doña Orosia hat heute Mittag nach mir geschickt. Es gab Neuigkeiten zu erzählen, und sie entschied sich dafür, diejenige zu sein, die es erzählte.

Ich habe sie in ihrem Favoriten gefunden Sitz – ein großes, weiches Sofa, das mit kostbaren maurischen Stoffen bezogen ist und im Schatten des Balkons steht, der den sonnigen Garten überblickt. Auf jeder der hellen Säulen, aus denen die anmutigen Bögen hervorgehen, die diesen Balkon stützen, klettert eine Masse blühender Ranken empor, die ihre zarten Ranken um das darüber liegende Geländer weben und dann in schwankenden Farbengirlanden wieder nach unten wandern . Hinten, im leuchtenden Schatten, lag sie zusammengerollt und halb schlafend; Mit einem großen Fächer aus bronzenen Truthahnfedern in einer trägen Hand neckte sie mit der anderen den gelbbraunen Jagdhund, der zu ihren Füßen ausgestreckt lag.

Sie öffnete ihre großen Augen, als ich näher kam.

„Ah! die kleine blauäugige Margarita, die kleine Heilige, die die Stirn runzelt, wenn Männer an ihrem Schrein anbeten", sagte sie langsam. „Es gibt Neuigkeiten für Sie. Die *Virgen de la Mar* ist gestern Abend aus Habana eingetroffen und hat den Befehl des spanischen Rates überbracht, die hier inhaftierten englischen Gefangenen unverzüglich freizulassen. Denn es scheint, dass dies dem Rat durch uns vorgelegt wurde Botschafter am englischen Hof, ein Denkmal, das eindeutig beweist, dass diese Personen gegenüber keinem Untertanen seiner katholischen Majestät, Karl II. von Spanien, eine Provokation ausgesprochen haben und daher unrechtmäßig inhaftiert sind. Wie gefällt Ihnen das?" Der winkende Fächer verstummte plötzlich und die leuchtenden Augen waren halb verschleiert.

"Ist das wahr?" Ich fragte, denn mein Herz vergaß mich.

Sie lachte. „Es ist wahr, dass die *Virgen de la Mar* diese Befehle dem Gouverneur von San Augustin überbracht hat – und dass mein Mann sie erhalten hat."

„Wird er ihnen gehorchen, Señora ?"

„Wer wird ihnen gehorchen?" Sie fragte; und unter der roten, geschwungenen Lippe schimmerten weiße Zähne. „Mein Mann oder der Gouverneur von San Augustin?"

„Sind sie nicht gleich?"

„Wenn du das denkst, kleiner Narr", rief sie und erhob sich halb von ihrem Sofa; „Wenn du immer noch so denkst, solltest du besser in deine Kammer zurückgehen und für dich und deinen Geliebten aus dem Gefängnis beten!"

Ich gab keine Antwort; Ich wartete ohne große Hoffnung darauf, was sie als nächstes sagen würde. Mein Herz war sehr erfüllt, aber ich wollte sie nicht durch Weinen erfreuen.

„Kind", fuhr sie fort, ließ sich in die Kissen zurücksinken und sprach langsam und eindrucksvoll, „es gibt *zwei* Gouverneure in San Augustin – und sie empfangen ihre Befehle weder vom Kind – dem König, noch von der Königinmutter, noch von irgendeinem anderen." der Spanische Rat. Mein Mann ist keiner; er gehorcht abwechselnd beiden. Seine Exzellenz Don Pedro Melinza verfügt, dass diese Befehle aus Spanien ausgeführt werden sollen, außer im Fall eines Señor Rivers, der hier festgehalten wird, um sich für eine zu verantworten unprovozierter Angriff auf einen Untertanen Seiner Majestät, den er schwer verwundete; außerdem wegen der Anstiftung anderer seiner Mitgefangenen, ihre Bewährung zu brechen, und wegen verschiedener anderer Verstöße gegen den Frieden dieser Garnison – alles Anschuldigungen, die Melinza als wahr schwören wird ."

„Ist er so ehrenlos ? Und wird Ihr Mann ihn bei der Lüge unterstützen?"

„Hör mir zu", fuhr sie im gleichen Ton fort. „ Melinza entscheidet außerdem, dass diese Befehle nicht die englische Señorita , Doña Margaret, einschließen, für die er beabsichtigt, hier festzuhalten – aus Gründen, die er selbst am besten kennt; obwohl der andere Gouverneur von San Augustin dies beschließt" – sie fuhr aus ihrem Nest auf Kissen und fuhr in einem ganz anderen Ton fort: „ *Ich* sage – *ich* sage – dass Sie diesen Ort mit den anderen Gefangenen verlassen sollen, und mein Mann wagt nicht, sich mir zu widersetzen! Ich habe Ihr weißes Gesicht und Ihre heiligen blauen Augen satt; ich Ich bin deiner Gesellschaft todmüde; aber ich schwöre, Melinza wird dich nicht haben! Deshalb musst du gehen, und zwar schnell."

„Und meine Verlobte Don Pedro ausliefern?"

„Was geht mich das an? Lass ihn in seinem Kerker verrotten. Es ist mir egal – also werde ich dein weißes Gesicht los."

Sie schloss wütend die Augen und streckte ihren Pantoffelfuß nach dem schlafenden Hund hin. Er hob seinen großen Kopf und gähnte; Dann sammelte er seine riesige Masse vom Boden auf, näherte sich der Seite seiner Herrin und schnüffelte besorgt in der Luft, als suche er nach einem Grund für ihr Missfallen. Neben ihr stand eine Schüssel mit Kuchen, und sie nahm einen davon in ihre weißen Finger und warf ihn dem Hund zu. Er ließ es auf den Boden fallen und schnüffelte zweifelnd daran herum, wobei er versuchsweise die Zunge herausstreckte – bis er, als er feststellte, dass es seinem Geschmack gefiel, es in einem Zug hinunterschluckte. Seine Herrin lachte und warf ihm ein weiteres zu, das in seinen großen Kiefern verschwand. Ein Dritter ereilte das gleiche Schicksal; aber beim vierten streckte sie ihm ihre rosa Handfläche entgegen, und als er sie genommen hätte, riss sie die Hand weg. Wieder und wieder versuchte das arme Tier, den ihm dargebotenen Bissen zu ergreifen, doch jedes Mal wurde er ihm entzogen; bis schließlich sein geschmeidiger Körper nach oben geschleudert wurde und er sowohl den Kuchen als auch die Hand zerbrach, die ihn neckte.

Es war nur ein kleiner Kratzer, und der Hund meinte es wirklich nicht im Zorn; Doch in diesem Augenblick errötete Doña Orosia bis auf die Stirn, zog ihren seidenen Rock hoch, schnappte sich einen juwelenbesetzten Dolch aus ihrem Strumpfband und rammte ihn bis zum Heft in die Kehle des armen Tieres. Das rote Blut spritzte heraus und der riesige Körper fiel zu einem gelbbraunen Haufen zusammen.

Ich stürzte vorwärts und hob den großen Kopf; aber die Augen waren glasig.

„ Señora !" Ich schrie: „ Señora ! Das arme Tier hat dich geliebt!"

Sie verschmähte den schlaffen Körper mit einem nachlässigen Fuß und sagte:

„Das tat auch – einmal – der Mann, der es mir gegeben hat."

Dann klatschte sie in die Hände, und der Negerdiener kam und schleppte auf ihren Befehl den Kadaver weg, wischte den blutigen Boden ab und brachte eine Schüssel mit klarem Wasser und ein Leinentuch, um den Kratzer an ihrer Hand zu waschen. Als er gegangen war , ließ sie mich den Knoten mit ihrem bestickten Halstuch zubinden und stampfte mit dem Fuß auf, weil ich den Knoten zu fest zog.

„Doña Orosia ", sagte ich, als ich es nach ihrem Geschmack getan hatte. „Wenn es Ihnen in dieser anderen Angelegenheit nur darum geht, mein weißes Gesicht loszuwerden, bete ich, dass Sie mich mit Ihrem Dolch töten und Ihren Herrn bitten, meine Liebe freizulassen."

Sie blickte neugierig auf. „Würdest du für ihn sterben?" Sie fragte.

„Ganz gern, und es gefällt Ihnen, meinen Tod zu seinem Lösegeld zu machen."

Sie blickte mich immer noch an und wirkte seltsam gerührt. „Einst habe ich so geliebt", sagte sie nachdenklich. „Ich werde dir eine Geschichte erzählen, Kind, denn ich mag den Vorwurf in diesen blauen Augen nicht. Vor fünf Jahren, als ich so jung war wie du jetzt, lebte ich mit meinen Eltern in Valencia, wo die Blumen noch süßer sind und Der Himmel war blauer als hier im sonnigen Florida. Ich hatte damals einen Liebhaber, der mir wie mein Schatten folgte und trotz meiner alten Duenna oft Gelegenheit fand, mir seine Leidenschaft in die Ohren zu schütten. Er war ein mutiger Mann und ein gutaussehender Mann, und er hat mein Herz von mir gewonnen. Obwohl er kein großes Vermögen hatte, hätte ich ihn freiwillig geheiratet und wäre ihm über Land und Meer gefolgt. Ich habe keinen Tag an ihm gezweifelt, und als er mit einem in das Haus meines Vaters kam Ich war sehr zufrieden mit dem alten Adligen, seinem Onkel und dem Oberhaupt seiner Familie, denn meine Mutter sagte mir, sie hätten um meine Hand angehalten und sie sei versprochen worden. Aber als mein Vater mich endlich zu sich rief, um meinen zukünftigen Ehemann zu sehen, war es soweit war der alte Mann, der mir mit einem Lächeln im faltigen Gesicht entgegenkam. Ich drehte mich zu dem Neffen um; aber er starrte aus dem Fenster – –"

Sie brach mit einem heftigen Lachen ab und fügte dann bitter hinzu: „Und so kam ich, um meinen Mann, den Gouverneur von San Augustin, zu heiraten!"

„Der andere war Don Pedro?"

„Hat dein Babywitz so viel erreicht? Ja, die andere war Melinza ."

„Aber wenn du ihn einmal geliebt hast, warum sollte es jetzt Hass zwischen euch geben?"

„Warum? Du kleiner Narr! Warum?" – sie streckte eine Hand aus und zog mich näher, damit sie mir tief in die Augen schauen konnte. „Warum hasst eine Frau jemals einen Mann? Kannst du mir das sagen?"

Wir starrten einander so an, bis ich sah – ich weiß kaum, was ich sah! Mir schwirrte der Kopf, und plötzlich wurde mir klar, dass in ihren Augen eine schreckliche Schönheit gewesen sein musste, als die Engel vom Himmel fielen!

Kapitel XV.

ICH WACHTE heute Morgen mit einem Gefühl des Entsetzens auf , das mich verfolgte – und dann erinnerte ich mich an die Szene von gestern und an den stummen Appell in den Augen des sterbenden Hundes. Die Geschichte, die mir die Spanierin über ihre eigene Vergangenheit erzählt hatte, war keine Entschuldigung. Hass und Grausamkeit schienen seltsame Früchte der Liebe zu tragen.

Ich dachte an mein eigenes Unglück und sagte in mir: Wahre Liebe sitzt an der Tür des Herzens, um es vor allen bösen Leidenschaften zu schützen. Verlust und Schmerz können Einzug halten, und Kummer leistet ihnen Gesellschaft; aber Rache und Grausamkeit, Unwahrheit und all ihre bösen Verwandten müssen ihre beschämten Gesichter verbergen und vorbeigehen!

Sicher im Gedanken an die reine Zuneigung, die in meinem eigenen Busen herrschte, ging ich hinaus und begegnete der Versuchung, und fiel sofort von dem hohen Pfad ab, auf dem ich meine Füße so sicher gefestigt glaubte!

Doña Orosia schien in einer seltsam sanften Stimmung zu sein.

„Kind, wie blass ist dein Gesicht! Hast du nicht die ganze Nacht wach gelegen? Leugne es nicht, das steht am deutlichsten in den dunklen Schatten um diese großen blauen Augen. Komm, ruhe dich hier neben mir aus" – und sie zog mich auf sich herab die Couch und schob mir ein weiches Kissen unter den Kopf.

Ich war ziemlich verblüfft über diese ungewöhnliche Höflichkeit und konnte keine Worte finden, um ihr zu begegnen. Aber sie schien mein Schweigen nicht zu bemerken und redete weiter.

„Es ist der Gedanke an den englischen Liebhaber, der dir den Schlaf raubt, Margarita mia ! Du würdest dein ganzes Leben geben, um seine Freiheit zu erlangen; nicht wahr? Wäre dir irgendeine Aufgabe mit diesem Ziel zu schwer?"

Ich könnte nicht antworten; Ich faltete meine Hände und sah sie schweigend an.

„Das habe ich mir gedacht", sagte sie lächelnd und legte sanft einen Finger auf meine Wange.

„Oh, Señora , Sie werden mir helfen, ihn zu retten! Sie werden den Gouverneur anflehen – Sie werden ihn freilassen?"

Sie zog sich kalt zurück. „Sie verlangen zu viel. Ich habe Ihnen gesagt, dass es in San Augustin zwei Gouverneure gibt – ich teile die Ehre mit Melinza ; aber ich flehe ihn umsonst an."

Ich wandte mich ab, um das Zittern meiner Lippen zu verbergen.

„Hör mir zu", fügte sie freundlicher hinzu . „Zwischen Pedro Melinza und
Orosia de Colis herrscht derzeit ein bewaffneter Frieden, da jeder eine Geisel
hält. Nicht, dass mir der Engländer etwas bedeutet, aber mein Mann ist nicht
daran interessiert, sich den Befehlen des Rates zu widersetzen. Obwohl er
keine Liebe dazu empfindet Er behauptet, dass es derzeit nicht die Politik
unserer Regierung ist, die freundschaftlichen Beziehungen, die angeblich
zwischen den Kronen Englands und Spaniens bestehen, offen zu ignorieren.
Es scheint, dass das Duplikat der Anordnungen des Rates verschickt wurde
an den Gouverneur Ihrer neuen Siedlung an dieser Küste; und wenn er
hierher schickt, um die Auslieferung der Gefangenen zu fordern, würde
Señor de Colis es vorziehen, alles aufzugeben, als einen Verweis der
Behörden zu Hause zu riskieren.

„ Verstehst du das alles? Schauen wir uns nun die Rückseite des Bildes an.

„ Melinza setzt seine eigenen Wünsche auf die Waagschale, und sie
überwiegen alle politischen Skrupel. Er hat geschworen, dass Señor Rivers
so lange im Schlosskerker bleiben wird, solange ich zwischen ihm und dir
stehe – es sei denn, der Tod greift freundlicherweise ein, um sich zu
beruhigen Dein Geliebter ist frei.

Bei diesen grausamen Worten brach mir ein leises Schluchzen in der Kehle
aus. Doña Orosia legte ihre Hand auf meine.

„Armer Kleiner!" Sie sagte.

„Sie haben Mitleid mit mir, Señora ! Was ist Ihr Mitleid wert?" „Forderte ich
und unterdrückte die Tränen.

„Ich habe einen Fluchtweg anzubieten", antwortete sie leise.

„Flucht für ihn? Oder für mich?"

„Für beides. Jetzt hör zu! Es gibt nur eine Möglichkeit, Melinzas Einfluss auf
Señor Rivers zu lockern. Er würde ihn bereitwillig gegen dich eintauschen."

„Besser für uns beide, wir sterben!" rief ich empört aus.

„Eher würde ich dich mit meinen eigenen Händen töten, als dich ihm
auszuliefern", sagte Doña Orosia mit einem kalten Lächeln.

„Was meinst du dann, Señora ?"

„Ich meine, Margarita mia , dass du Zärtlichkeit für ihn heucheln und ihn
denken lassen solltest, dass ich es bin, der zwei liebende Seelen
auseinanderhalten würde."

„Was! Wenn ich ihm in all den Monaten nichts als Abneigung entgegengebracht habe? Er könnte niemals so dumm sein, an eine so plötzliche Veränderung zu glauben."

„Die Eitelkeit des Menschen ist so groß", sagte Doña Orosia , „dass es ihm leichter fallen würde zu glauben, dass du aus Angst vor mir die ganze Zeit Hass vorgetäuscht hast, als daran zu zweifeln, dass du irgendwann seinen Faszinationen zum Opfer gefallen bist."

„Welchen Vorteil hätte es für mich, wenn ich ihn tatsächlich betrüge?"

„Er würde dann aufhören, sich der Freilassung aller anderen Gefangenen zu widersetzen."

„Aber was ist mit meinem Schicksal, Señora ?"

„Lass das in meinen Händen, Kleines – ich bin nicht machtlos. Ich gebe dir mein Wort, dass er dich niemals haben wird. Im letzten Moment werden wir ihn enttäuschen" – und sie lachte ein leises, triumphierendes Lachen.

Ich blickte schnell auf.

"Also!" rief ich aus. „Das wird deine Rache sein! Und du würdest mich mit der Freiheit meiner lieben Liebe bestechen, um daran teilzunehmen! Für dich zu lügen; Liebe zu spielen, wo ich nur Abscheu empfinde; meine Lippen mit gespielten Liebkosungen zu besudeln; und um das Heiligste im Leben lächerlich zu machen!"

„Ist Ihr Engländer nicht ein Opfer wert?" fragte sie mit hochgezogenen Brauen.

Was könnte ich sagen? Ich habe sie verlassen. Ich eilte in mein kleines Zimmer, schloss die Tür fest und verriegelte sie von innen. Dann kniete ich vor dem vergitterten Fenster und schaute hinaus auf das Sonnenlicht und das Meer.

Die blauen Wellen tanzten fröhlich, und der frische Wind küsste die glitzernden Wellen, bis sich der Schaum über ihnen kräuselte – während weiße Lider schüchtern über lachenden Augen hängen. Zwei Schneemöwen tauchten ab und stiegen auf, mal blitzten sie vor dem blauen Himmel, mal ins blaue Meer hinein. Ich blickte auf ihre weißen Flügel – und dachte an all die vergeblichen Gebete, die ich zum Himmel hinaufgesandt hatte.

Und dann endete die dunkle Stunde meines Lebens für mich.

Ich dachte an meinen Vater, diesen treuen Herrn, dessen einziger Fehler darin bestand, dass er seinem Prinzen zu gut gedient hatte – ein Prinz, dessen Dankbarkeit ihn nie dazu veranlasst hatte, sich nach dem Schicksal dieses Dieners zu erkundigen oder der Frau, die es getan hatte, ein tröstendes Wort zu sagen hat sie alles verloren. Ich dachte an meine junge Mutter, an ihr weißes, tränenüberströmtes Gesicht, an die langen Stunden, die sie auf den Knien verbracht hatte, und wie sie schließlich betete: „Herr! Nur um zu wissen, dass er tot ist!" – doch sie starb unwissend.

Dann kam der Teufel zu mir und flüsterte: „Was nützt es, Geduld und Glauben zu haben? Denkt dein Gott an dich – oder ist seine Erinnerung wie die des Prinzen, dem dein Vater gedient hat? Glaubst du immer noch, dass er es tut?" Ist alles gut, und ist noch Vertrauen in deinem Herzen? Komm, freunde dich mit denen an, die dir helfen wollen – ganz zu schweigen von einer kleinen Lüge! Möchtest du glücklich sein? Möchtest du deine liebe Liebe retten? Dann höre auf mit deinen vergeblichen Gebeten und nimm dein Schicksal auf dich deine eigenen Hände.

Ich erhob mich von meinen Knien und schaute wieder hinaus auf das lachende Wasser: Ich würde dieses Böse tun, damit Gutes käme. Ich würde eine Lügenrolle spielen und meine Seele beschmutzen, damit ich und meine liebe Liebe Freiheit und Glück gewinnen könnten. Aber ich würde nicht mehr beten – denn ich konnte Gottes Segen nicht für eine Lüge erbitten.

Dann ging ich langsam dorthin zurück, wo meine Verführerin wartete.

„Doña Orosia ", sagte ich, „ich nehme Ihr Angebot an. Ich bin jung – ich wäre glücklich; und Sie – Sie würden sich rächen! Ich bin nicht der kleine Dummkopf, den Sie für mich halten: Ich kenne Sie zu gut, um das zu glauben würde mir aus Liebe helfen; ich lache über dein Mitleid; aber ich vertraue deinem Hass!"

„ *Bueno* ", sagte sie. „Es reicht. Wir verstehen einander , aber ich muss dir die Rolle beibringen, sonst wirst du scheitern."

„Ich bin nicht so einfach, Señora , ich kann Liebe vortäuschen – um der Liebe willen."

„Dennoch möchte ich, dass du mit Dornen umgeben bist, meine Süße. Die Rose, die zu leicht zu pflücken ist, ist es nicht wert, getragen zu werden. Und gibst du nur Versprechungen und erfüllst sie niemals – ich würde ihn von jedem Kuss abhalten, den er zu gewinnen glaubt !"

Kapitel XVI.

EIN TAG VERGING, UND OBWOHL ICH IN MEINER NEUEN Rolle sogar buchstabengetreu geworden war, hatte ich keine Gelegenheit, es meinem Publikum vorzuspielen; aber es kam endlich.

Es war in der langen, verträumten Stunde des frühen Nachmittags, wenn das Einschlafen am einfachsten ist. Doña Orosia hatte befohlen, ihr Sofa im schattigsten Teil des luftigen Gartens aufzustellen, dicht an der grauen Steinmauer. Mit Bedacht wählte sie die Ecke, die dem Eisentor am nächsten lag, durch die wir einen Teil der sonnigen Straße kontrollieren konnten; Und hier lag sie und ließ mich ihr alle Lieder vorsingen, die ich kannte, während sie einschlief und wieder aufwachte und ihren Papagei so lange neckte, dass er misstönende Schreie ausstieß, bis ich vor lauter Zorn nicht mehr singen wollte.

Plötzlich legte sie ihre Gereiztheit beiseite und forderte mich mit einer schnellen, gebieterischen Geste auf, wieder zur Laute zu greifen; Dann ließ sie sich in ihre Kissen zurückfallen, schloss die Augen und ließ ihren Busen mit den sanften Atemzügen eines schlafenden Kindes heben und senken.

Ich zögerte einigermaßen erstaunt; aber wieder zischte der scharfe Befehl von ihren sanft geöffneten Lippen, –

„Singe, kleiner Narr! – Melinza geht vorbei!"

Mit zitternden Fingern berührte ich die Laute und erhob meine zitternde Stimme. Die Töne blieben mir im Hals stecken und kamen zunächst heiser heraus; Aber dann dachte ich an meine liebe Liebe in seinem hasserfüllten Gefängnis und sang, wie ich noch nie zuvor gesungen hatte.

Über der grauen Wand sah ich Don Pedros Federhut vorbeigehen. Er erreichte das Tor, blieb stehen und blickte mit gespannten Augen hinein. Sein schneller Blick wanderte über die grüne Nische, glitt über die schlafende Gestalt hinweg und richtete sich auf mein Gesicht.

Das Lied verklang; Ich beugte mich lächelnd vor und legte warnend einen Finger auf meine Lippe.

Er machte eine so höfliche Verbeugung vor mir, dass die Feder in seinem Spitzenhut den Boden fegte.

„Also, Señorita , kann der Käfigvogel singen?"

„Wenn ihr Gefängniswärter es so will, Don Pedro", sagte ich leise und lächelte – und seufzte – und warf einen halb ängstlichen Blick über meine Schulter; Dann fügte er mit leiserer Stimme hinzu: „Und wenn sie es anders will, muss ich schweigen."

„Wie, würde sie überhaupt eine Sperre auf deinen Lippen behalten?"

„Auf meinen Lippen – und auch auf meinen Augen. Tatsächlich unterliegen meine Augenbrauen ihrer Herrschaft und werden oft gegen ihren Willen gezwungen, die Stirn zu runzeln!"

"Also!" er rief aus; und ich sah, wie sich ein süßer Zweifel über sein Gesicht schlich. „Muss ich ihr die vielen Stirnrunzeln zurechnen, die du mir zugefügt hast?"

„ *Si, Señor* – und fügen Sie dazu noch einige andere hinzu, die nicht gezwungen werden würden."

Das Feuer in seinen schwarzen Augen erschreckte mich nicht wenig, als er flüsterte:

„Wenn das wahr ist, dann gib mir die Rose in deinem Busen, Dame!"

Ich hob eine zitternde Hand zur Blume und warf einen erschrockenen Blick auf die zitternden Wimpern der Señora .

„Oh! Ich wage es nicht!" Ich murmelte und ließ meine Hand auf die Laute auf meinem Knie fallen. Die klirrenden Saiten rissen die vermeintlich Schläferin aus ihren Träumen.

Sie stand halb auf, nahm ein Kissen von ihrem Sofa, warf es auf mich und sagte wütend: „Hier ist das für eine solche Unbeholfenheit!"

Die Softrakete verfehlte ihr Ziel; aber er fand einen anderen im grünen Papagei, der mit dem Kopf nach unten von seinem Sitzplatz baumelte; und der beleidigte Vogel kreischte wütend.

Ich warf einen ängstlichen Blick auf das Tor und winkte den Eindringling weg. Er hätte noch gezögert, da er allem Anschein nach sehr verärgert über die unhöfliche Behandlung meiner Wärterin war; aber die Klugheit siegte, und er verschwand außer Sichtweite, legte die Hand aufs Herz und protestierte stumm.

Die Komödie hatte gerade erst begonnen. Nun muss es zu Ende gespielt werden.

Es ist seltsam zu sehen, mit welchem Eifer mein sanfter Gefängniswärter jeden Tag einen Hinterhalt für den unvorsichtigen Feind vorbereitet und wie er immer in die Falle tappt – von mir mit Lächeln, sanften Klagen und mitleiderregenden Bitten überfallen zu werden Mitgefühl und schüchternes Eingeständnis meiner zärtlichen Freundschaft; die immer durch eine geschickte Unterbrechung oder das plötzliche Erscheinen von Doña Orosia auf der Bühne unterbrochen werden. Obwohl erst eine Woche vergangen ist, würde Don Pedro bereits schwören, dass ich ihn sehr liebe.

Heute früh hörte ich ihn unter meinem Fenster; und ich war wirklich froh über die Gelegenheit, ihn hinter den schützenden Gittern anzulächeln. Dieses Treffen war nicht auf Doña Orosias Plan zurückzuführen, also dachte ich, ich würde es für meine eigenen Zwecke nutzen.

Ich habe ihm geschworen, dass ich unglücklich sei – und das stimmte auch. Ich beteuerte, dass ich vor Sehnsucht nach Freiheit krank sei – und auch das war keine Lüge. Aber dazu fügte ich ein ganzes Gewebe der Unwahrheit hinzu und erklärte, dass ich, seit ich auf die Welt kam, nie einen freien Atemzug getan habe; dass mein Onkel ein Tyrann gewesen sei und der Mann, mit dem er mich verlobt hatte, eifersüchtig und anspruchsvoll gewesen sei; dass ich gegen meinen Willen über die Meere gebracht worden sei; und dass ich die Strapazen des Lebens in diesem neuen Land fürchtete. Ich sagte, ich hätte keine Lust, mich wieder den englischen Siedlern anzuschließen, und bestritt unter Tränen jegliche Voreingenommenheit für meine liebe Geliebte. Der Himmel vergib mir! aber ich gestand, dass ich Don Pedro mehr liebte als jeden Mann, den ich je gesehen hatte, und ich flehte ihn an, mich von diesen barbarischen Küsten wegzubringen.

Ich hatte nicht gedacht, dass ich ihn bewegen könnte, doch seltsamerweise schien der Mann berührt zu sein. Das fragte ich mich, als ich ihm zuhörte, denn ich hatte ihn für schlecht gehalten und seine Leidenschaft nur für eine vorübergehende Einbildung gehalten. Er sprach jetzt von Habana, einer Stadt einiger Vornehmheit, in der ich als seine Frau die Gesellschaft anderer Damen meines Standes genießen würde.

„Ich würde dir niemals erlauben, hier zu leben, meine schönste Dame, wo dieser dunkle Teufel von einer Frau ihre Bosheit an dir auslassen könnte!" er flüsterte leise; und mein Gewissen schlug mich, denn ich spielte mit dem Herzen eines Mannes aus Fleisch und Blut.

Aber ich dachte mir, wenn in diesem Herzen wirklich etwas Gutes wäre, würde ich es wagen, mich darauf zu berufen; denn ich vertraute nicht darauf, dass Doña Orosia jederzeit ihr versprochenes Wort brechen würde.

„Wahrlich, Don Pedro, ich würde gerne gehen, denn ich hasse den bloßen Anblick dieser Mauern; aber – wenn Sie mich lieben – würde ich von Ihrer Güte eine weitere Wohltat verlangen. Lassen Sie den englischen Herrn frei, der mein versprochener Ehemann war, und schicken Sie ihn ihn, mit den anderen Gefangenen, zurück zu seinen Freunden."

Es kam keine Antwort, und ich fürchtete, ich hätte das Ziel überschritten; aber ich habe mich weiter getraut.

„ Señor de Melinza ", sagte ich, „es ist wahr, dass ich einer Rasse entstamme, die Sie nicht lieben, und dass ich ein Glaubensbekenntnis vertrete, das Sie verurteilen; dennoch muss man bedenken, dass wir unseren eigenen Ritterkodex haben, und es haben in England so tapfere und treue Ritter gelebt und gestorben wie sogar Ihr tapferer Cid. Ich möchte nicht, dass der Mann, den ich heiraten soll, einer unritterlichen Tat schuldig geworden ist. Seien Sie daher großzügig. Sie wurden gegenseitig verletzt, aber es war gerechtfertigt duello", sagte ich und tat so, als wüsste ich nichts von dem feigen Schlag, der meiner lieben Geliebten so nahe das Herz getroffen hätte, „und nun, Don Pedro, wäre es umso ehrenvoller , den Landsmann Ihrer versprochenen Braut freizulassen und ihn in Sicherheit zu schicken an seine Freunde."

„ Señorita ", sagte der Spanier – und auf seiner Stirn bildete sich eine Wolke – „ich wünschte, du hättest mich um einen anderen Segen als diesen gebeten. Dennoch gebe ich dir mein ritterliches Wort, dass der Mann gehen soll, und zwar unversehrt."

„Ich danke dir, Don Pedro", sagte ich und unterdrückte den Freudenschrei, der mir über die Lippen drang. Da mir dann keine anderen Worte einfielen und ich fürchtete, in der Rolle, die ich spielen musste, zu versagen, nahm ich Dame Barbaras Schere, schnitt mir eine lange Locke meines gelben Haares ab, band sie mit einem Band zusammen und warf sie ihm zu Guerdon für die Gunst, die er mir gewährt hat.

Als ich mich heute Mittag wie üblich mit der Frau des Gouverneurs unter den mit Weinreben behängten Balkon begab, prahlte ich fröhlich mit dem Versprechen, das ich Melinza abgerungen hatte ; und sie verlangte sofort, alles zu hören, was zwischen uns vorgefallen war – und nannte mich dann einen Narren wegen meiner Mühen!

„Kleiner Mistkerl! Hätten Sie sich weniger um das Schicksal Ihres Engländers gekümmert, wäre es viel besser gewesen. Sie legen mir nur Hindernisse in den Weg. Jetzt bleibt mir nichts anderes übrig, als mich energisch gegen seinen Weggang zu wehren! Wenn es sein muss Ich selbst werde vorgeben, dass ich für den Mann sympathisch bin, und gelobe, ihn noch eine Weile als meinen Gast zu behalten, um seines hübschen Witzes und seiner galanten Haltung willen – jeder Kunstgriff, ihnen Staub in die Augen zu streuen, damit wir nicht so aussehen derselben Meinung zu sein und die gleiche Bitte vorzubringen. Oh, kleiner Heiliger mit den blauen Augen, dein *Metier* ist nicht Diplomatie!"

„Tatsächlich, Señora , bis Sie mir das erste Mal beigebracht haben, mich zu verstellen, war ich in der Kunst unerfahren ."

Sie lachte dann und sagte, wenn ich weniger Vertrauen in andere hätte, könnte ich leichter täuschen.

„Wenn die kleine Margarita Melinzas hübsche Fabel über Habana und die ausgezeichnete Gesellschaft, die seine *Frau dort* genießen würde, glauben würde, wäre es kein Wunder, dass sie aus ihrem eigenen kleinen Netz ein Gewirr gemacht hat."

„Aber Doña Orosia , glaubst du, er würde ungerecht mit mir umgehen? Seine Worte klangen so wahr – sogar ein schlechter Mann kann aufrichtig lieben!

Das spöttische Lächeln erstarb aus den Augen des Spaniers und ließ sie unergründlich und düster zurück .

Ich kam mir vor wie jemand, der in ein offenes Fenster schaut und das Licht einer Kerze darin blitzen und flackern sieht, dann beschämt zurückweicht, als plötzlich die Flamme erlischt und nur noch die hohle Dunkelheit seinen geblendeten Blick anstarrt.

„Wenn er dich liebt", sagte sie langsam, „ist es so, wie er es schon einmal geliebt hat, mehr als einmal. Er würde die Creme der Leidenschaft abschöpfen, den Tau von der Blume wischen, die erste Süße aus den Myrtenblüten zerdrücken. " ,- und lass den Rest. Du Kind, was weißt du von den Menschen? Nur das Unerreichbare ist es wert, danach zu streben. In ihren Leidenschaften steckt viel von der rohen Bestie. Hast du neulich bemerkt, wie die Toten Hund richtete eine verächtliche Düse auf den ersten süßen Bissen, den ich ihm aufdrängte, anzunehmen? Aber danach machte ihn die Angst, ihn zu verlieren, bis zum Sprungpunkt. Nur damit ich seinen Herrn austrickse – werde ihn dich sehen lassen, *fast* begreifen und schmecke; dann, wenn der Moment wahnsinniger Sehnsucht kommt, werde ich ihn mit dem endgültigen Verlust von dir erstechen! Nur so kann ich ein Verlangen wecken, das einen Tag überdauert; denn ich kenne die Herzen der Menschen bis ins Mark, du Blau- Augenbaby!"

„ Señora ", rief ich, gereizt von ihren verächtlichen Worten, „ich kann nicht sagen, dass ich die Herzen der Menschen kenne; aber ich kenne das Herz eines wahren Gentlemans; und ich glaube, als er mir den Verlobungskuss abgenommen hatte, war ich es nicht." in seinen Augen weniger begehrenswert!"

„ Das glauben Sie", sagte sie und schüttelte den Kopf. „ *Bueno* , glaub weiter – solange du kannst. Der Glaube der Frau an die Treue des Mannes lebt nur so lange –" und sie beugte sich von ihrem Sofa vor, pflückte eine zerbrechliche Blüte von den schwankenden Ranken und warf sie unter ihre Füße.

Ich hätte noch einmal von meinem Vertrauen in das wirklich wahre Herz gesprochen, das mir vertraute; aber ich sah das Zittern der Schnürsenkel an ihrer Brust, ich sah, wie die dunklen Augen immer wütender wurden und ein langsames Purpurrot in die reichen Wangen stieg. Sie „studierte immer ihre Rache" – diese schöne, unglückliche Frau, „die ihre Wunden grün hielt, die sonst heilen und gut heilen könnten."

Während ich sie beobachtete, überkam mich großes Mitleid, so dass ich schwieg.

Kapitel XVII.

DER 20. März – ein Tag, den man nie vergessen wird!

Ich habe Mr. Rivers gesehen. Es ist das erste Mal seit dieser Nacht – vor neun Monaten. Ich habe ihn gesehen und mit ihm in Anwesenheit von Melinza , Doña Orosia und dem Gouverneur gesprochen.

Was auch immer uns jetzt widerfahren mag, nichts kann uns die Erinnerung an diese letzte Stunde nehmen. Wenn wir diese Mauern jemals gemeinsam verlassen und die Freiheit wieder genießen, ist sie teuer erkauft. Die Wahrheit einer Magd wurde befleckt und das tapfere Herz eines treuesten Herrn seines Glaubens beraubt! Lieber Gott, was für ein Preis!

Es war Mittag, als Doña Orosia mich abholte.

„Da ist etwas Teufelei im Gange", sagte sie. „Ich kann es noch nicht begreifen; aber da Sie auf Freiheit für sich und Ihren Engländer hoffen, versäumen Sie nicht, Ihre Rolle bis zum Ende zu spielen. Kommen Sie schnell! Melinza verlangt, Sie zu sehen, und der Gouverneur erlaubt es. Don' Du kannst es mir nicht verübeln, Kind – ich kann nichts tun, um es zu verhindern. Aber ich warne dich, tu die Rolle, was auch immer es dich kosten mag."

Ich folgte ihr wie im Traum den Korridor entlang in das Zimmer, wo der alte Gouverneur in seinem Sessel neben einem geschnitzten Tisch saß, auf dem eine Karaffe Wein, halb leere Gläser und ein Stapel Spielkarten standen. Er trommelte mit seinen verdorrten Fingern auf dem Tisch und blickte unbehaglich, zuerst auf das gerötete Gesicht seiner Frau, als sie die Tür betrat, und dann auf das entschlossene Gesicht von Melinza , die vor dem schweren Tresen stand, der diesen Raum von einem anderen Raum trennte hinteren.

„Doña Margarita", sagte der Gouverneur und räusperte sich nervös, „ist es so, dass Sie gegen Ihren Willen in meinem Haus festgehalten werden?"

„Exzellenz", begann ich und war dankbar, dass ich die Wahrheit sagen konnte, „ich und alle anderen Engländer wurden hier in San Augustin viele lange Monate lang gegen unseren Willen festgehalten."

„Ohne die Befehle des spanischen Rates könnte ich Sie nicht befreien, Señorita ; obwohl wir jetzt die Absicht haben, dies zu tun, da wir die Autorität haben. Aber was Sie selbst betrifft – Melinza versichert mir, dass Sie nicht mit Ihren Landsleuten geschickt werden wollen."

Ich spürte, wie mein Herz kalt wurde. Muss ich noch an der Lüge festhalten? Ich blickte zu Doña Orosia , in deren schwarzen Augen eine Warnung aufblitzte.

„Das ist wahr, Señor de Colis ", sagte ich und meine Stimme klang weit weg und seltsam.

„Sie möchten als mein Gast und meine Begleiterin hier bleiben, Margarita", sagte die Frau des Gouverneurs in vehementem Ton.

Ich sah sie verwundert an. Was wünschten sie sich zwischen ihnen? Mir schwirrte der Kopf, und ich hätte auch zu ihr Ja gesagt; aber ihre schwarzen Augen bedrohten mich erneut. Ich holte tief Luft und schüttelte den Kopf. „Nein, bitte, Exzellenz."

Melinza lächelte langsam und triumphierend. „Doña Orosia ist unglücklich. Ich vertraue darauf, dass ich erfolgreicher sein werde. Du würdest lieber als *meine nach Habana gehen.* "Begleiter, nicht wahr, Margarita mia ?" – und er trat vor und streckte mir seine Hand entgegen.

Eines Tages im frühen Frühling hatte mich Doña Orosia angerufen, um ein neues Haustier zu sehen, das ihr gebracht worden war, ein junges Krokodil, abscheulich und abscheulich; und sie hatte mich gezwungen, das angebundene Monster zu berühren, während es mit der Länge seiner Kette über den Boden kroch. Ich erinnere mich an den kalten Ekel, den ich angesichts des schrecklichen Kontakts verspürte; aber es war nichts im Vergleich zu dem Gefühl, das mich überkam, als ich dem Spanier erlaubte, meine Hand zu nehmen.

Er zog mich zu sich und lachte leise. „Wer bezweifelt, dass die Dame freiwillig geht?" und erhob seine Stimme mit einer trotzigen Frage im klingenden Tonfall.

„Das tue ich, Señor !" – und es war meine liebe Liebe, die die Arras beiseite schob und ins Zimmer trat, – meine liebe Liebe, erschöpft vom Fieber und der langen Gefangenschaft, weiß und hager und gespenstisch, aber dennoch standhaft mit all den Seinen alte Würde.

Der Spanier drehte sich zu ihm um und hielt mich immer noch in seinem Arm. Ich warf der Frau des Gouverneurs einen letzten Blick zu und las mein Stichwort. Danach konnte ich nur noch das weiße Gesicht meiner Liebsten sehen.

„Habe ich Sie angelogen, Señor Engländer? Glauben Sie jetzt, dass ich diese goldene Locke als Pfand zukünftiger Gefälligkeiten betrachte ? Die Dame, auf deren Glauben Sie bereit waren, Ihre Seele zu setzen, ist hier, um für sich selbst zu antworten, und sie hat sich mit mir zusammengetan – mit mir, Señor .

„Margaret – Margaret!" schrie meine liebe Freundin, „Sag ihm, dass er lügt, Schatz!"

Ich öffnete meine Lippen, aber die Worte erstarben auf meiner Zunge. Wieder weinte meine arme Liebe zu mir und streckte mir die Arme entgegen. Ich sah, wie sein weißes Gesicht immer blasser wurde und er unsicher schwankte, wo er stand. Dann nahm er alle seine Kräfte zusammen, stürzte sich auf den Spanier und hätte uns auseinandergerissen, wenn nicht seine schwachen Glieder nachgegeben hätten und er auf den Boden fiel .

Melinzas Hand wanderte zu seinem Schwert; Er zog die Klinge und hielt sie an die Kehle meiner lieben Geliebten.

Endlich kam meine Stimme zu mir zurück ; Ich legte meine Hand auf den Arm des Spaniers. „Schonen Sie den Mann, Don Pedro! Ich mag den Anblick von Blut nicht!"

Dann sah ich Todesangst in den Augen eines tapferen Mannes. Er machte keine Anstalten aufzustehen, sondern lag zu meinen Füßen und sah mich an.

„Margaret Tudor", sagte er, „liebst du mich noch?"

Ich sah auf ihn herab. Wenn ich die Wahrheit sagen würde, würde Melinzas Klinge bald verhindern, dass er davon hört. Ein wildes Lachen stieg in meiner Kehle auf; Ich konnte es nicht zurückhalten, und es ertönte fröhlich und toll im stillen Zimmer.

„ Señores ", sagte ich, „ Señores , ich liebe einen tapferen Mann, keinen Feigling!" und das war die Wahrheit, obwohl mich niemand in diesem Raum richtig verstanden hat, außer Doña Orosia .

Der Mann an meiner Seite lachte mit mir, und er zu meinen Füßen warf mir einen Blick zu und fiel in Ohnmacht.

Melinza steckte sein Schwert in die Scheide und sagte: „Eure Exzellenz, der Gefangene scheint überzeugt zu sein; Sie können also selbst kaum an den Beweisen zweifeln."

Der Gouverneur räusperte sich erneut und warf einen hilflosen Blick auf seine Frau. Sie trat mit verächtlicher Gelassenheit vor und nahm meinen Arm.

„Die Dinge nehmen einen schönen Lauf, Señor de Colis , als Don Pedro seine Gefangenen unter dieses Dach bringt und Ihre Frau Zeugin einer Schlägerei wird. Ich bitte um Ihre Erlaubnis, mich zurückzuziehen; und ich nehme dieses Mädchen bis zur Vernehmung mit." ihre Vormundschaft ist geklärt." Dann verließ sie, mich immer noch am Arm haltend, das Zimmer; und keiner der beiden Männer wagte es, unseren Fortschritt aufzuhalten.

In meiner Kammer angekommen, öffnete Doña Orosia die Tür, stieß mich hinein und befahl mir, den Riegel fest zu ziehen.

Ich blieb mit meinen Gedanken allein. Solche Gedanken wie sie sind! Ich kann nicht weinen; Meine Augen sind heiß und trocken. Es gibt keine solche Trauer. Oh, meine Mutter! Als Ihr Geliebter Sie in diesem letzten Abschied an sein Herz drückte, gab es zwischen Ihnen Gedanken an den Abschied, an körperliche Schmerzen, die es zu ertragen galt, an Geißelungen und Fesseln

– ja, und an den Tod. Aber was waren das im Vergleich zu dem, was ich ertragen muss, der ich angesichts meiner lieben Liebe gedemütigt bin?

Kapitel XVIII.

NACHDEM ich diese Worte geschrieben hatte, legte ich meine Feder weg, warf mich auf das Bett und vergrub mein Gesicht im Kissen. Ich konnte die trommelnden Impulse in meinen Ohren spüren und mein Herz schwoll an, bis es in meiner Brust zu platzen schien. Obwohl ich meine heißen Finger gegen meine fest geschlossenen Augen drückte, konnte ich immer noch das weiße, starre Gesicht meines armen Geliebten sehen, die großen Vertiefungen in seinen bärtigen Wangen, die blauen Adern an seinen dünnen Schläfen und die großen Augen, einen Moment ganz Liebe -erleuchtet, der nächste, voller Entsetzen beim Anblick meiner Untreue.

Wie lange ich dort lag, kann ich kaum sagen. Es war viele Stunden nach Mittag, als ich schwere Schritte außerhalb meiner Tür hörte, die plötzlich zu zittern begann, als würde jemand mit verzweifelten Händen dagegenschlagen.

"Wer ist da?" Ich weinte und hob meinen Kopf.

„Oh! Herrin Margaret! Gott sei Dank – machen Sie die Tür auf!"

Ich zog hastig den Riegel, und Dame Barbara stürmte herein und ließ sich weinend zu meinen Füßen nieder.

„Herr, ich liebe dich, Herrin Margaret! Herr, hilf uns beiden an diesem Tag! Sie haben alle unsere Männer losgeschickt, um das gesegnete englische Schiff zu treffen – und wir zwei armen Frauen sind zurückgeblieben!"

Ich konnte es nicht für wahr halten. Ich packte die weinende Dame an ihren zitternden Schultern und zerrte sie förmlich auf die Füße, wobei ich verlangte, dass sie einen Beweis dafür hätte, dass das so sei. Sie deutete stumm auf das Fenster und schluchzte lauter als zuvor.

Dann habe ich rausgeschaut.

Die Fregatte *Carolina* stand vor der Bucht von Matanzas, und ein kleines Boot, angetrieben von den kräftigen Armen von sechs dunkelhäutigen Spaniern, glitt über die Wellen in Richtung der Fregatte. Bei ihnen waren die englischen Gefangenen: Ich sah das ehrliche Gesicht von Kapitän Baulk und neben ihm den würdigen Master Collins; auch die drei Seeleute der barbadischen Schaluppe; und ein anderer, den ich nicht kannte, aber vermutete, dass er der zweite der beiden unglücklichen Boten war; und – inmitten von allem – meine liebe Liebe.

Er lag in voller Länge da, sein weißes Gesicht ruhte auf den Knien des guten Kapitäns; und mein erster Gedanke war der der Angst, er könnte tot sein. Aber ich sah, wie er sich erhob, einen langen Blick auf die Burgmauern warf und dann wie zuvor zurückfiel – und ich wusste, dass er mich in diesem Moment aus seinem Herzen verbannte für immer .

Sie waren weg, alle weg. Doña Orosia hatte mir etwas vorgetäuscht – Gott hatte sein Gesicht von mir abgewandt – und der Mann, den ich liebte, würde mich nie mehr lieben.

Ich wandte mich vom Fenster ab und wandte mich der weinenden Dame zu, und ich lachte, lachte erneut, wie ich es am selben Morgen angesichts meiner lieben Geliebten getan hatte.

„Das Stück ist fast zu Ende, meine Dame“, sagte ich. „Es ist fast an der Zeit, zu *Gott zu beten, dass er Seine Majestät rettet* und den Vorhang zuzieht. Aber was für seltsame Streiche spielt das Schicksal manchmal mit seinen hilflosen Marionetten! Sie hat uns vor langer Zeit für eine leichte Komödie gecastet, und siehe da! Stattdessen eine Tragödie! Glaubst du, liebe Barbara, dass der Tod durch die Bettschnur da drüben oder durch diese große Schere, die an deiner Taille baumelt, einfacher wäre? Oder vielleicht, wenn du meiner Desdemona Othello vorspielen könntest , würde es vielleicht sanfter erscheinen Vorspiel zum Grab. Wie schwer ist eine Lüge, gute Dame? Glaubst du, sie würde eine Seele in die Hölle schleppen? Wenn ja, muss ich nicht alleine gehen; denn wenn ich Melinza angelogen habe , hat er auch mich angelogen – und Doña Orosia auch“ – dann erschütterte ein starker Schauer meinen Körper. „Barbara, Barbara, muss ich überhaupt für alle Ewigkeit ihre Gesellschaft haben?“

Sie lief auf mich zu, gute Seele, und drückte mich wie ein Kind an ihre weite Brust.

„Herr, hilf dir, liebes Lamm! Und Er wird – Er wird es tun!“ Ich hörte sie immer wieder sagen; Dann wurde es vor meinen Augen dunkel und ich dachte, der Tod sei tatsächlich über mich gekommen.

Als ich wieder zu Bewusstsein kam, lag ich in der grauen Dämmerung auf meinem Bett, und neben mir waren Dame Barbara und die Frau des Gouverneurs.

Als mein Blick auf Doña Orosia fiel , schrie ich bitterlich, dass es ein Narr gewesen sei, selbst ihrem Hass zu vertrauen; denn jetzt war sie ihrer Rache überdrüssig geworden und würde ihr Werkzeug wegwerfen, ohne den Preis dafür zu zahlen.

Sie bedeckte meinen Mund mit ihrer Hand und lachte kurz.

„ Melinza meint, er sei zu scharf für mich gewesen. Er schickte die Gefangenen ohne mein Wissen in großer Eile auf das englische Schiff. Ich ging gerade zu ihm und wollte wissen, ob er es wagen würde, Señor Rivers ohne meine Erlaubnis wegzuschicken .

‚,Ja', sagte er und verneigte sich vor mir. ‚Da Doña Orosia ihn aus irgendeinem Grund hier festhalten wollte, hielt ich es für das Beste, ihn sofort loszuwerden; aber das Mädchen bleibt.'

‚,Das Mädchen bleibt unter meiner Vormundschaft', sagte ich.

‚,Bis morgen', antwortete Melinza . ‚Morgen kehrt die *Virgen de la Mar* nach Habana zurück, und mit ihr gehen das englische Mädchen und Ihr bescheidener Diener.'

‚,Der Gouverneur', schrie ich, ‚wird es nicht zulassen!'

‚,Wird er nicht? Fragen Sie ihn', sagte Melinza , ‚fragen Sie Seine Exzellenz, den Gouverneur von San Augustin!' Dann hat er mich ausgelacht – *Dios!* Er hat mich ausgelacht!"

Bei der Erinnerung biss sie sich auf die rote Lippe und ballte ihre weißen Hände.

„Und haben Sie den Gouverneur gefragt, Señora ?"

Sie nickte heftig. „Der alte Trottel! Er zuckte nur mit den Schultern und bot mir im Austausch für meine hübsche Spielzeugpuppe eine Diamantkette an. Es ist offensichtlich, dass Melinza ihn fest im Griff hat, was es ist, kann ich nicht erraten; aber es ist stärker als ich." Wünsche. Er würde lieber meinem Zorn trotzen, als sich den Plänen seines Neffen zu widersetzen.

Ich sah, wie sich der dunkle Schatten auf ihrer Stirn niederließ, und dachte, alle Hoffnung sei vorbei.

„Doña Orosia ", sagte ich schließlich, „leihst du mir deinen Dolch?"

„Noch nicht, Kind – nicht, es sei denn, es gibt keine andere Möglichkeit, sie beide zu vereiteln. Schau –", sagte sie und warf einen Beutel mit Goldstücken neben mir auf das Bett. „Das ist Ihr Kaufgeld, und es wird dazu dienen, Hilfe zu kaufen. Als ich keine besseren Konditionen aushandeln konnte, war ich gezwungen, das und einen Kuss obendrein anzunehmen – Pah !" und sie rieb sich die Wange. „Morgen, wenn die Flut hoch ist, wird die *Virgen de la Mar den* Hafen verlassen . Bis dahin muss ich Ihre Flucht organisieren."

„Und Barbaras", fügte ich hinzu, denn ich konnte sehen, dass die arme Dame in großer Angst war.

Doña Orosia starrte. „Bei meiner Seele, wir hatten alle die alte Frau vergessen. Sie wäre vielleicht gut mit den anderen Gefangenen ausgekommen; aber wie soll ich *zwei* Frauen aus der Stadt schmuggeln?"

Dann flehte ich sie an, mich nicht von der Dame zu trennen, an der ich als meine letzte Freundin festhielt; und nach einer Weile gab sie mir widerwillig ein Versprechen, verließ mich und forderte mich auf, mich für das

Abendessen fertig zu machen, zu dem ich erscheinen musste, um den Verdacht des Gouverneurs nicht zu erregen.

Meine Hände waren kalt und zitterten; aber mit Barbaras Hilfe schmückte ich mich mit einem der fröhlichen Gewänder, die mir meine Beschützerin geschenkt hatte, und nahm einen Fächer – mit dem ich gelegentlich den spanischen Trick gelernt hatte, mein Gesicht zu verdecken – und gesellte mich zum Gouverneur und seine schöne Gemahlin im hell erleuchteten *Comedor*, wo die Decken für drei Personen gedeckt waren. Ich war dankbar für Melinzas Abwesenheit, denn es hätte meine Kräfte überstiegen, an diesem Abend Liebesspiele zu spielen.

Zuerst konnte ich nichts essen; Aber ein dringender Blick von Doña Orosia und der Gedanke daran, wie sehr ich all meine Kräfte brauchen würde, veranlassten mich, trotz der krampfhaften Schwellung meiner Kehle ein paar Bissen zu essen. Ich bemühte mich auch, zu antworten, wenn sie vom Gastgeber oder der Gastgeberin angesprochen wurden; aber der Gouverneur war selbst nicht besonders gut gelaunt und schien vor dem Stirnrunzeln seiner Dame eine gewisse Ehrfurcht zu empfinden.

Plötzlich ertönten vor der Tür streitende Stimmen, und ein Diener trat ein und protestierte unter vielen Entschuldigungen, dass draußen ein ehrwürdiger Vater sei, der verlangte, Seine Exzellenz sofort in einer Angelegenheit zu sehen, die keinen Aufschub duldete.

Der Gouverneur lehnte sich mit einer Miene großer Verärgerung in seinem Stuhl zurück; aber Doña Orosia sagte schnell: „Bitten Sie den Vater einzutreten.“

Auf der Schwelle erschien eine große Gestalt in der dunklen Kutte eines Mönchs. Unter der Kapuze erkannte ich das schmale, blasse Gesicht und die düsteren Augen. Ich hatte sie in der Nacht unserer Ankunft und seitdem viele Male an der Tür der Kapelle im Schlosshof gesehen. Sie gehörten Padre Felipe, dem Beichtvater der Frau des Gouverneurs und, wie ich glaubte, ihr Berater in weltlichen und geistlichen Angelegenheiten. Etwas sagte mir, dass er auf ihren Wunsch hin hierher gekommen war, und ich warf ihr einen bestätigenden Blick zu; aber Doña Orosia lehnte mit einem Ellbogen auf dem Tisch, das Kinn auf ihrer weißen Hand, den anderen runden Arm mit einer Mandel in den schlanken Fingern ausgestreckt, um den grünen Papagei auf seinem Sitz neben ihr zu erfreuen. Auf ihrem schönen, mürrischen Gesicht war kein Anflug von Interesse zu erkennen; Also wandte ich mich etwas enttäuscht ab, als ich hörte, was der Pater sagte.

Seine Stimme war tief und heiser, und ich konnte kaum verstehen, was er sagte, außer dass es sich um jemanden handelte, der krank war – nein, *tot*, wie es schien, und der eine sofortige Beerdigung brauchte.

Der Gouverneur hörte mit immer finsterer werdender Miene zu, bis er plötzlich so hastig aufsprang, dass sein Stuhl mit lautem Klappern nach hinten fiel.

„ *Santa Maria!* Tot vom schwarzen Erbrochenen? Und du kommst hierher mit der abscheulichen Ansteckung, die an deinen Kleidern haftet!“

„Nein“, sagte die tiefe, hohle Stimme des Mönchs, als er beruhigend seine Hand hob. „Ich habe meine Robe gewechselt. Du und die Deinigen sind in keiner Gefahr, mein Sohn.“

„In keiner Gefahr!“ wiederholte der Gouverneur, sein Gesicht wurde lila und seine Stimme erstickte; „Keine Gefahr, wenn der verdorbene Kadaver unbegraben liegt und die ganze Luft mit Tod befleckt! Werfen Sie ihn ins Meer – nein, zünden Sie die elende Hütte an, in der er liegt, und lassen Sie alle zusammen verbrennen!“

„Wer ist es, der tot ist?“ fragte Doña Orosia . Sie war aufgestanden und stand da, mit einer Hand ihre Röcke zurückhaltend, ihre volle, rote Oberlippe leicht gezogen und ihre zarten Nasenlöcher geweitet, als ob die bloße Erwähnung der verabscheuten Krankheit sie mit Ekel erfüllte.

„Ein elender Mischlingsjunge, ein diebisches Mitglied der Herde des Padre“, rief der Gouverneur ungeduldig. „Zieht die Hütte in Brand, sage ich!“

Doch Doña Orosia unterbrach ihn noch einmal. „Padre, was wünschen Sie sich?“

Die düsteren Augen richteten sich zum ersten Mal auf sie. „Der Junge war ein Christ, meine Tochter, und ich würde ihm ein christliches Begräbnis geben.“

„Sicher“, sagte Doña Orosia . „Was soll verhindert werden?“

„Würden Sie die Infektion in der Stadt verbreiten?“ rief der Gouverneur weiß vor Angst.

„Nein“, sagte der Mönch, „ich bitte nur um eine Erlaubnis, den Leichnam außerhalb der Tore mitzunehmen. Niemand außer mir und einigen meiner Anhänger muss der Gefahr ausgesetzt werden. Lasst vor uns eine Glocke läuten, um alle in der Stadt zu warnen.“ Straßen, um uns fernzuhalten, und wir werden ein Gefäß mit starkem Weihrauch vor die Bahre tragen. Diejenigen, die mit mir ausgehen, ich schwöre euch, mein Wort, werden einige Tage lang nicht zurückkehren, bis sie selbst frei von allem Makel sind.

„Mein Plan ist besser – Hütte, Leiche und alles zu verbrennen“, antwortete der Gouverneur. Aber Padre Felipe wandte sich heftig gegen ihn.

„Wie soll ich mein Volk im Griff behalten und es seinen Glauben an geweihte Dinge bewahren, wenn man den Körper eines Christen wie den Kadaver eines Hundes behandelt?"

„Wie Sie wollen", rief der Gouverneur aus; und indem er sich auf einen Stuhl warf, rief er nach Stift und Papier. „Hier", fügte er sofort hinzu, „liefern Sie dies Don Pedro de Melinza und bitten Sie ihn, die Wachen am Tor zu warnen. Sagen Sie außerdem, dass, wenn jemand in der Stadt bis auf zwanzig Schritte an die Bahre herankommt, das Tor verlassen soll." er soll auch gehen.

Der Mönch nahm die Erlaubnis schweigend entgegen, hob segnend die Hand und verließ die Wohnung.

Als mein Blick von der Tür zurückkehrte, traf er auf den von Doña Orosia , und in ihrem Blick blitzte vorübergehend Triumph auf. Bald darauf stand sie auf und gemeinsam zogen wir uns zurück. Ich spürte, wie sich ihre Hand auf meinem Arm krampfhaft verkrampfte; aber ich ging mit dem gleichen Gefühl der Unwirklichkeit weiter, das mich den ganzen Tag bedrückt hatte.

Als wir mein Zimmer erreichten , befahl sie mir, mein Kleid noch einmal gegen etwas Dunkles und Warmes auszutauschen; denn die Nachtluft war feucht und kalt. Während ich das tat, ließ ich die Rolle eng beschriebener Seiten, die diese Annalen meiner Gefangenschaft enthielten, in meine Brust gleiten . Dann fragte ich nach Barbara, und Doña Orosia antwortete ruhig :

„Sie hat einen Auftrag erledigt und wird zu gegebener Zeit zu uns kommen." Dann warf sie mir einen Mantel über den Kopf, wickelte sich in einen anderen und führte mich in den Garten.

KAPITEL XIX.

ES war eine mondlose Nacht und ein Wolkenschleier verdeckte die Sterne. Wir gingen schweigend unter der mit Weinreben bewachsenen Laube durch den Garten zum Tor. In das schwere Schloss steckte Doña Orosia einen großen Schlüssel; es drehte sich leicht, die Tür schwang auf und wir stiegen aus. Mein Begleiter schloss es noch einmal ab, nahm meinen Arm und trieb mich die dunkle, verlassene Straße entlang. Wir bogen um eine Ecke, kamen auf einen offenen Platz und blieben neben einer riesigen Palmettopalme stehen, die in der Nähe der Mitte wuchs . Ich hörte das klare Rascheln seiner Blätter im Nachtwind und zitterte vor namenloser Angst.

Dann näherten sich uns durch die Dunkelheit zwei undeutliche Gestalten. Mein Herz schlug schnell und ich zog den Mantel fester um mein Gesicht; aber einer von ihnen erwies sich als der Mönch, der andere als meine liebe, liebe Barbara. Mit einem schnellen Schrei sprang ich ihr entgegen; aber Doña Orosia legte eine Hand auf meine Lippen und trieb mich voran. Pater Felipe ging nun voran, und wir folgten ihm noch einige Augenblicke, bis er vor einer niedrigen Tür stehen blieb und uns bedeutete, einzutreten.

„ Señora ", flüsterte ich, „warum kommst du? Ich habe keine Angst vor der Krankheit, aber warum solltest du dich unnötig aussetzen?"

„Kleiner Idiot", antwortete sie und schubste mich sanft weiter, „hier gibt es kein Fieber, keine Ansteckung."

Immer noch verwundert betrat ich den schmalen Gang und dahinter einen schwach beleuchteten Raum.

Auf dem Boden lag eine lange, mit Fell bedeckte Holzbahre; Am Fuß und am Kopf befanden sich, jeweils in einer einfachen Fassung befestigt, zwei Kerzen, die noch nicht angezündet waren. Auf dem Boden lagen ein Messingtopf mit langen Ketten und ein Haufen dunkler Stoffe; es gab auch einen groben Tisch, auf dem eine Flasche Wasser und ein Laib Brot standen; Ansonsten war der Raum bis auf eine schwache Lampe an der Wand leer. Doña Orosia sah sich um und nahm mit schnellem Blick jedes Detail wahr; dann wandte sie sich an Pater Felipe.

„Kannst du den Trägern vertrauen?"

Er senkte den Kopf.

„Dann ist die einzige Schwierigkeit diese alte Frau. Es ist besser, sie zurückzulassen."

Aber ich flehte erneut sehr ernsthaft; und bald verließ der Mönch das Zimmer und kehrte bald darauf mit einem schmutzigen Umhang zurück, mit dem er die arme Dame von Kopf bis Fuß umhüllte.

„Lass sie hinterhergehen", sagte er, „und wenn es keine Probleme gibt , wird sie vielleicht mit uns ohnmächtig." Dann forderte er sie auf, ihr Gesicht zu verbergen und sich vom Licht der Kerzen fernzuhalten.

Danach entstand eine Pause, und die Spanierin und der Mönch sahen sich an.

„Sehen Sie zu, dass Sie nicht scheitern!" Sie sagte.

„Und denken Sie an Ihr Wort", antwortete er.

„Ein solides Silberservice für die neue Missionskapelle in San Juan – ich schwöre es", war die schnelle Antwort; „Das heißt, wenn Sie Erfolg haben."

Der Mönch verschränkte schweigend die Arme.

„Nein, dann auf jeden Fall! Tun Sie nur Ihr Möglichstes", flüsterte Doña Orosia hastig.

„Das Ergebnis ist, wie Gott es will", sagte Pater Felipe ruhig und wies auf die Trage und forderte mich auf, mich darauf zu legen. Ich tat dies, zitternd an allen Gliedern, und er hätte mich mit den Tüchern zugedeckt, als die Frau des Gouverneurs ihn beiseite stieß, selbst niederkniete und mir einen kleinen Dolch in die Hand drückte und flüsterte:

„Falls Sie entdeckt werden."

Ich versteckte es in meiner Brust und dankte ihr. „Leb wohl, Señora ", sagte ich unter Tränen, „du warst nett zu mir und ich bin dir sehr dankbar. Ob ich Freiheit und Freunde gewinne oder nicht, ich glaube, du hast dein Bestes für mich getan. Ich kann nicht denken" – und Ich hob meinen Kopf nahe an ihren und flüsterte: „Ich kann nicht glauben, dass es nur um Rache geht. Es muss ein Mitleid dahinterstecken."

„Du kleiner Dummkopf", sagte sie, lachte und drückte mich zurück auf die Bahre. Dann spürte ich plötzlich, wie eine heiße Träne auf meine Stirn tropfte. Sie beugte sich tiefer und küsste mich auf die Wange.

Ich weinte ein wenig und wäre wieder aufgestanden; aber sie zog die dunklen Decken über mich und ich konnte nichts mehr sehen. Als ich spürte, wie ihre sanften Hände mich umschmeichelten, wie eine Mutter ihr Baby, konnte ich nur still weinen und Gott beten, er segne sie.

Ein stechender Rauch von etwas Brennendem erfüllte den Raum und drang sogar durch die Decke zu mir. Ich hörte, wie der Padre die Kerzen an meinem Kopf und an meinen Füßen anzündete. Nach einer Weile wurde die

Trage, auf der ich lag, hochgehoben und mit dem Fuß voran aus dem Zimmer getragen – aus dem Flur und auf die Straße. Ich hörte die Füße meiner Träger auf dem Boden stampfen, während wir in schwingendem Tempo weitergingen; Ich war mir des starken Rauchs brennenden Weihrauchs bewusst, der uns umhüllte; Ich hörte den Klang einer Glocke vor mir und eine Stimme, die einen stetigen Warnschrei auslöste; aber ich konnte nichts sehen außer einem schwachen Schimmer durch die Umhüllungen, wo die Kerzen brannten.

Nach einer Weile kam es zum Stillstand und ich hörte streitende Stimmen. Meine Finger schlossen sich um den Griff des Dolches der Señora . Wenn der Tod kommen muss, dann sei es so! Dachte ich und empfand keine Angst, sondern nur Bedauern darüber, dass meine liebe Liebe es nie verstehen könnte, wenn der Geist, der so wild in meiner stillen und verhüllten Gestalt zitterte, nicht im ersten Moment seiner Freiheit zu ihm eilen und ihm die Wahrheit ins Herz flüstern könnte!

Eine weitere Stimme stimmte ein. Es war Melinzas eigene.

"Treten Sie zurück!" rief er laut. „Aus dem Weg, Sklaven! Wer wagt es, die Befehle Seiner Exzellenz anzufechten? Wenn ein Mann sich dieser aussätzigen Mannschaft auf zwanzig Schritte nähert , kann er ihnen ins Verderben folgen; aber innerhalb dieser Mauern wird es keinen Platz mehr für ihn geben!" "

Ein Murmeln erhob sich und verklang in der Ferne. Wir zogen noch einmal weiter. Dann ertönte das rasselnde Klirren von Eisenstangen – aber es kam von hinter uns. Die Glocke hatte aufgehört zu läuten; aber als wir langsam weitergingen , hörte ich die Stimme des Padre in einer tiefen und feierlichen Tonart singen. Dann herrschte völlige Stille, abgesehen vom unbeschuhten Schritt meiner Träger und einem Rauschen wie von Nachtwinden in den Bäumen. Plötzlich schrie eine Eule über mir, und dann – ich muss ohnmächtig geworden sein.

Ich dachte, ich wäre während des Sturms wieder in der barbadischen Schaluppe gewesen. In meiner engen Koje gefesselt, schaukelte und schwankte ich, während über mir der heftige Wind in der Takelage heulte. Die gespannten Balken knarrten und ächzten, und ab und zu war das scharfe Knacken einer brüchigen Spiere zu hören. Das Schluchzen einer Frau erreichte mich durch all das hindurch – das leise, keuchende Schluchzen einer Frau, deren Atem erschöpft ist. Ich schlug die Decke zurück und sah mich um.

Es war graue Morgendämmerung im Wald. Durch die wehenden Äste über mir sah ich die blassen Wolken, die unter einem wütenden Himmel dahinzogen. Ich schaute zu meinen Füßen und bemerkte den Rücken eines fremden Mannes mit dunklem Kopf, gebeugten Schultern und nackten braunen Armen, der die Seiten meiner Sänfte umklammerte. Jemand war auch an meiner Spitze; Als ich mich schnell umdrehte, begegnete ich seinem Blick, der in meinen blickte: Es war Padre Felipe. Ich setzte mich auf, mit einem plötzlichen Keuchen.

„Barbara!" Ich rief: „Wo bist du, Barbara?"

mir nur ein schwaches Schluchzen antwortete, warf ich mich aus der Sänfte auf den Boden und fiel in einem kraftlosen Haufen zusammen, wobei meine Füße in den Umhüllungen verheddert waren. Aber ich erblickte meine gute Dame, die halb geschleppt, halb getragen von zwei indischen Jugendlichen hinterhertaumelte. Ihre Kleidung war zerrissen und zerschlissen, ihr Gesicht erbärmlich zerkratzt, während große Tränen einander über ihre faltigen Wangen jagten.

Der Wurf hatte aufgehört. Pater Felipe half mir auf die Beine; aber ich wandte mich von ihm ab und warf meine Arme um Barbaras Hals. Sie klammerte sich verzweifelt an mich, ihr Atem stockte und ihre Stimme brach, als sie versuchte zu sprechen.

Der Mönch nahm sie grob an der Schulter.

„Sie ist erschöpft vom nächtlichen Streifzug durch den Wald. Kein Wunder! Aber es war ihr eigenes Verschulden, denn sie würde kommen; jetzt muss sie mithalten oder zurückgelassen werden. Wir müssen Schutz finden, bevor der Sturm ernsthaft ausbricht." denn es wird kein Licht sein.

Während er sprach, wehte ein stärkerer Windstoß; In den Baumwipfeln erklang ein lauteres Stöhnen, und ein abgebrochener Ast stürzte direkt vor unsere Füße.

„Müssen wir noch viel weiter gehen?" Ich fragte. Er schüttelte den Kopf.

„Etwa eine Liga vielleicht?"

„Nicht mehr", war seine Antwort.

„Dann legen Sie die arme Dame in die Sänfte, und ich werde gehen."

Er sah mich aufmerksam an. "Kannst du es machen?"

„Besser als sie. Ich fühle mich hier schwach", fügte ich hinzu und legte meine Hand auf meine Brust, „aber meine Glieder sind jung und stark und unermüdlich."

„Du willst Essen", war sein kurzer Kommentar; Und als er sich der Sänfte zuwandte, holte er aus einem verborgenen Beutel, der darunter hing, eine Flasche Wasser und einen Laib Brot hervor und gab mir zu trinken und zu essen. Ich nahm es gerne an und Barbara tat es ihr gleich. Ich dachte also, er hätte selbst welche genommen; aber er legte den Rest beiseite und sagte, er brauche es nicht, und winkte der alten Frau, ihren Platz in der Sänfte einzunehmen, die dann von zwei seiner Anhänger aufgezogen wurde. Der Dritte ging voran, um Hindernisse vom Weg zu räumen, und wir folgten ihm, ich klammerte mich an den Arm des Pater.

Er sagte nichts mehr zu mir, aber die Berührung seiner Hand war nicht unsanft. Ich bemerkte, wie er mich über den glattesten Boden führte, die Dornen selbst auswählte, obwohl seine Füße nackt waren, und mich mit seinem Arm vor den scharfen Klingen der Zwergpalmen schützte, die den Weg abgrenzten.

Als ich neben ihm herging, konnte ich über die seltsamen Wendungen des Schicksals nur staunen; denn im Moment schien es, als würde ich meine Befreiung zum Teil einer Person aus der Klasse verdanken, die ich am meisten hasste, da sie der erste Grund für unsere Gefangenschaft war. Von Zeit zu Zeit blickte ich zu seinem dunklen, strengen Gesicht auf und fragte mich, ob er es in seinem Herzen hätte finden können, mich als Ketzer zu verbrennen, wenn ich nicht zufällig sein Schützling gewesen wäre und unter seinem geschworenen Schutz gestanden hätte!

KAPITEL XX.

DAS Licht wurde hinter den vorbeiziehenden Wolken immer stärker, aber die tiefen Stellen im Wald hielten ihre Schatten still. Hohe Zypressen reckten ihre Köpfe inmitten der Mulden und breiteten ihre Äste wie ein breites Blätterdach über unseren Köpfen aus; riesige lebende Eichen krönten die Hügel; und hier und da erhoben große Lorbeerbäume ihre Pyramiden aus glänzendem, dunkelgrünem Laub. Unser Durchgang wurde häufig durch umgestürzte Baumstämme versperrt, die im Laufe der Jahre mit Moos bedeckt waren; und Ranken von Ranken, zähstämmig und geschmeidig, warfen sich von Baum zu Baum über unseren Weg und widersetzten sich unserem Vormarsch. Überall in den höheren Gängen des Waldes heulte der wilde Wind; aber entlang der Tunnelwege, die wir bereisten, war es zeitweise kaum wahrnehmbar.

Trotz meiner Müdigkeit spürte ich, wie eine größere Kraft in mir aufstieg. Wir waren ohne Verfolgung so weit gekommen! Ich begann zu hoffen, wie ich es noch nie zuvor getan hatte; denn war meine liebe Liebe nicht frei und mein Angesicht auch den Freunden zugewandt?

darüber nachdachte , erreichten wir eine höhere Ebene, und durch einen Riss im stürmischen Himmel blickte ein Strahl Morgensonnenlicht über meine Schulter und stürzte in den Wald dahinter. Ich schaute erschrocken zurück und sah für einen kurzen Moment die goldene Scheibe der Sonne; dann verwischte eine schwarze Wolke es vom Himmel.

"Pater!" Ich rief: „Wir reisen nach Westen!"

„Ja", sagte er ruhig.

"Nach Westen!" Rief ich erneut. „Westwärts – und landeinwärts! Wenn die englische Siedlung nördlich von uns an der Küste liegt!"

Er verneigte sich erneut in stiller Zustimmung. Dann brach meine Empörung aus, und ohne weitere Fragen zu stellen, beschuldigte ich ihn bitterlich des Vertrauensbruchs.

„Hast du Doña Orosia nicht versprochen , mich meinen Freunden auszuliefern?" Ich weinte.

„Welchen Grund haben Sie, an meinem guten Glauben zu zweifeln?" fragte er und richtete seine düsteren Augen auf mich, sprach aber immer noch im gleichen ruhigen Tonfall. „Hätte ich in San Augustin ein Schiff, mit dem wir in See stechen könnten? Oder hätte ein solches Schiff den Hafen unbemerkt verlassen können? Nicht einmal ein Kanu hätte dort ohne Gefahr der Entdeckung beschafft werden können. Wir haben eine lange Reise vor uns, – könnte Wir haben uns ohne Vorräte daran gemacht ?"

Ich ließ den Kopf hängen, beschämt über meine Zweifel. Früher lag es nicht in meiner Natur, misstrauisch zu sein; Aber in letzter Zeit hatte ich so große Schwierigkeiten, dass ich fürchtete, ich würde nie wieder das gleiche Vertrauen in meine Mitgeschöpfe, das gleiche unbedingte Vertrauen in den Himmel empfinden, das ich vor zwei Jahren gehabt hatte. Ärger war mir noch nie fremd; Aber als Kind kannte ich es nur als eine formlose Wolke, die manchmal ihren Schatten auf meinen Weg warf, das Sonnenlicht für einen Moment verdunkelte und das Lied auf meinen Lippen zum Verstummen brachte. Selbst als meine Mutter starb, war ich zu jung für mehr als die Trauer eines Kindes – einen Tränenregen im April; Und obwohl ich in meiner frühesten Kindheit oft einsam war, hatte ich mir mit strahlenden Vorstellungen mein Glück selbst gemacht und betete zu Gott, dass er sie Wirklichkeit werden lasse. Deshalb habe ich meiner Zukunft immer mit einem Lächeln entgegengesehen und nie daran gezweifelt, dass sie fair sein würde. Das alles war vergangen. Das Problem hatte mir sein Gesicht gezeigt, und ich wusste, dass es sich um etwas Schreckliches und Starkes handelte, das bereit war, mir an die Kehle zu springen und das Leben aus mir herauszuquetschen. Was für ein Wunder also, dass ich ängstlich von Stunde zu Stunde ging?

Nach einer Weile sprach Pater Felipe erneut. „Die Wälder werden lichter", sagte er. „Noch ein paar Schritte und wir werden an den Ufern des San Juan ankommen, in der Nähe eines kleinen Dorfes der Yemassees , in dem es viele gibt, deren Augen für die Wahrheit geöffnet wurden. Dort werden wir Schutz vor dem Sturm finden, und bedeutet, unsere Reise fortzusetzen, wenn die Wolken vorbei sind. Lasst uns eilen; die Träger mit der Sänfte sind weit voraus."

Er reichte mir noch einmal seinen Arm, und noch bevor viele Minuten vergangen waren, erblickten wir den wilden Fluss des San Juan und die überfüllten Hütten eines Indianerdorfes.

Die Siedlung schien nicht annähernd so groß zu sein wie die von Santa Catalina, und auch die Gebäude schienen nicht so groß und geräumig zu sein. Das imposanteste Gebäude hielt ich für die Missionskapelle, denn davor befand sich das große Kreuz. Es hatte eine runde Form mit Lehmwänden und einem Strohdach, das bis zur Spitze reichte. An der Seite befand sich eine Tür aus schweren Brettern, die fest miteinander verbunden waren; aber ich konnte keine Fenster erkennen, nur ein paar sehr kleine quadratische Öffnungen dicht unter der Traufe, die für Licht und Luft sorgten.

Die Wolken begannen, große Tropfen auf unsere Köpfe zu gießen, also beschleunigten wir unsere Schritte und begannen zu rennen. Die Sänfte und ihre Träger hatten neben der Tür der Kapelle Halt gemacht, und aus den benachbarten Hütten kamen mehrere Indianer hervor und kamen uns entgegen. Eine junge Frau mit einem kleinen kupferfarbenen Baby auf dem Rücken, dessen winziger Kopf gerade noch über ihrer Schulter zu sehen war, blickte uns von der niedrigen Tür ihres Lehmhauses aus an, doch als sie meinen Blick erwiderte, zog sie sich hastig zurück und verschwand außer Sichtweite.

Ich war sehr müde und Barbara, die von der Sänfte abgestiegen war, schien nicht in der Lage zu sein, zu stehen. Der Pater unterhielt sich mit denen seiner dunkelhäutigen Herde, die sich ihm genähert hatten; Also hockten wir zwei Frauen unter der Traufe der Kapelle und blickten um uns herum auf die windgepeitschte, vom Regen verschwommene Szene.

Vor uns lag ein dichter Baumhain; Links konnten wir flüchtige Blicke auf den Fluss erhaschen, grau und wütend wie der Himmel, und entlang seiner Ufer die zusammengedrängten Behausungen der armen Barbaren, deren architektonische Ideale um nichts besser waren als die der Wespe – nicht annähernd so komplex wie die der Ameise und der Biene.

Plötzlich, während wir dort verlassen warteten, flogen meine Gedanken zurück zu einem englischen Haus mit seinen efeubewachsenen Wänden, seinem Türmchendach und seiner langen Fassade aus warmen roten Backsteinen. Ich sah grüne Hänge, breite Terrassen, ein großzügiges Portal und eine geräumige Halle; Ich dachte an ein Zimmer mit einem großen Kamin, der mit bemalten Fliesen umgeben war, und stellte mir vor, wie ich auf dem Bärenfellteppich vor einem lodernden Feuer kniete, meinen Kopf auf dem Knie meiner Mutter und ihre Finger spielten mit meinen Haaren. Für diesen Moment vergaß ich sogar meine große Liebe, und ich hätte alles gegeben, nur um zu Hause ein kleines Kind zu sein.

Der Pater drehte sich schließlich zu uns um und bedeutete uns, ihm zu folgen. Er führte uns zur Rückseite der Kapelle, wo sich an der Wand ein halbkreisförmiger Vorsprung befand – eine winzige Zelle mit einer schmalen Tür, die aus einem einzigen Brett gehauen und mit einem schweren Vorhängeschloss verschlossen war. Er zog einen Schlüssel aus seinem Gürtel, schloss ihn auf und bat uns einzutreten. Wir taten es und er schloss die Tür hinter uns.

Im Inneren war der harte Erdboden leicht erhöht und mit Matten aus geflochtenen Palmenblättern bedeckt. Ein schmaler Spalt in der Wand ließ einen schwachen Lichtstrahl herein, der es uns ermöglichte, die wenigen Gegenstände, die sich im Raum befanden, undeutlich wahrzunehmen. Anscheinend handelte es sich dabei um das Schlafgemach von Padre Felipe und die Sakristei der Kapelle. Es gab eine mit einem Vorhang versehene Tür, die den Zugang zur Kapelle selbst ermöglichte; Als wir die Vorhänge beiseite schob, konnten wir den düsteren Innenraum sehen, der bis auf den

Hochaltar mit hohen Kerzen und einem geschnitzten Kruzifix an der Wand leer war.

Als ich diese Symbole eines christlichen Glaubens erblickte, dachte ich an die blutigen Opfer, die einem erbärmlichen Gott im Namen der Orthodoxie dargebracht worden waren, und ich fragte mich, ob Ketzer wie wir draußen in den wilden Wäldern nicht sicherer wären treibender Sturm – ja, sogar der Gnade ungläubiger Barbaren ausgeliefert; Doch plötzlich erinnerte ich mich an das solide Silberservice, das Doña Orosia dieser kleinen neuen Mission schenken sollte , und ich fasste Mut.

Der Regen strömte nun in Strömen vom Strohdach herab, und der Wind, der aus Nordosten wehte, ließ ihn gegen die Lehmwände unserer Zuflucht zurückprallen. Ich wandte mich an Barbara und gab einer Angst Ausdruck, die schon seit einiger Zeit in mir wuchs.

„Liebe Dame", sagte ich, „glauben Sie, dass dieser Sturm auf See schlimmer ist?"

„Ja, mein Lamm, es kommt aus einer hässlichen Gegend; aber die *Carolina hat härtere Schläge überstanden, und glücklicherweise hat sie in einem sicheren* Hafen einen guten Ankerplatz gefunden ."

Ich habe versucht, dasselbe zu denken; Dennoch wurde mir in den langen Stunden, die wir dort saßen und den heftigen Böen und dem prasselnden Regen lauschten, das Herz schwach bei der Möglichkeit dieser neuen Gefahr für meine Geliebte.

Es muss nach Mittag gewesen sein, als der Padre wieder zu uns kam. Er brachte frisch zubereitetes Essen mit – Fleisch und Fisch und eine Brühe aus geröstetem Maismehl, die nicht unangenehm im Geschmack war.

„Der Wind lässt nach", erklärte er, „und die Wolken lösen sich auf. Wenn der Regen aufhört, können wir es wagen, unsere Reise fortzusetzen."

Ich fragte ihn, wie er uns zu befördern gedenke, denn weder Barbara noch ich konnten noch länger zu Fuß gehen.

Dann legte er uns seine Pläne vor. Dieser breite Fluss, der San Juan, fließt an der Siedlung vorbei, verläuft viele Meilen nordwärts, macht dann eine Kurve nach Osten und mündet ins Meer. Wir sollten in zwei schnellen Kanus – Piraguas, wie er sie nannte – starten und, zunächst im Windschatten der Küste bleibend, dem Fluss bis zu seiner Mündung folgen und dann entlang der sicheren Passage, die eine vorgelagerte Inselkette bot, die Küste hinauffahren . Bis zur Indianersiedlung Santa Helena würde die Reise etwa zehn Tage dauern; Die dortigen Indianer, erklärte er, seien Verbündete unserer englischen Freunde und würden uns zweifellos dabei helfen, uns ihnen wieder anzuschließen.

Ich fragte, ob wir an Santa Catalina vorbeikommen müssten; und er sagte, es sei auf unserem Weg, aber niemand dort würde uns behindern, solange wir unter seinem Schutz stünden.

„Es sei denn", fügte er hinzu, „der Gouverneur von San Augustin schickt ein Schiff, um uns dort oder irgendwo auf dem Weg abzufangen; in diesem Fall bleibt mir nichts anderes übrig, als Sie ihm auszuliefern."

Daraufhin hatte ich Fieber, weg zu sein; denn ich hatte das Gefühl, dass der Tag nicht vergehen konnte, ohne dass Melinza meine Flucht entdeckte, und ich würde lieber jede Strapaze ertragen, als das Risiko einzugehen, dass er uns abfing.

KAPITEL XXI.

ERST als alle Regenwolken vorübergezogen waren, beschloss der Padre einzuschiffen. Der Wind wehte immer noch stark, und unsere gebrechlichen Kanus saßen unsanft auf dem turbulenten Busen des Flusses.

Padre Felipe, Barbara und ich füllten mit zwei Indianern den kleineren der beiden Piraguas; der andere enthielt fünf Indianer und einen Vorrat an Proviant für die Reise.

Der Nachmittagshimmel war nichts als windige Dunkelheit; Weiße Wolken rollten in wogenden Falten über uns, und zerfetzte Nebelschwaden zogen noch tiefer und schienen sich mit ihren Rändern fast an den obersten Ästen des Waldes zu verfangen. Dicht unter dem schützenden Flussufer rasten unsere leichten Kanus durch das graue Wasser. Die dunkelhäutigen Besatzungsmitglieder beugten sich schweigend zum Paddel, die Muskelstränge in ihren mageren braunen Armen spannten sich an, und ihre Gesichter waren mit stiller, teilnahmsloser Miene auf die brodelnde Strömung oder die schnell dahinfliegenden Küsten gerichtet.

Mit Einbruch der Nacht verschärfte sich die Dunkelheit langsam. Das Wasser verdunkelte sich, der Dünenwald wurde schwarz und undeutlich. Endlich schien es meinen Augen, als verschmolzen die schwebenden Schatten am Himmel, der tintenschwarze, wirbelnde Bach und die geheimnisvollen Küsten zu einer alles durchdringenden, undurchdringlichen Mitternacht. Ich konnte nicht erkennen, dass wir uns bewegten; es schien vielmehr, als wären wir allein still, während über uns und um uns herum die Geister der Nacht vorbeiflogen. Ich spürte, wie der Wind unsichtbarer Flügel mein Haar hob; Ich hörte das Platschen und Gurgeln seltsamer Kreaturen, die vorbeischwammen. Mit meinen Händen fest um Barbaras Arm geschlungen und mit großen Augen, die ins Nichts starrten, wartete ich darauf, dass ein menschliches Geräusch die pulsierende Stille durchbrach.

Schließlich sprach der Pater. Er stellte eine Frage in indischer Sprache. Einer der Ruderer grunzte als Antwort, und die schnellen Paddelschläge hörten plötzlich auf. Dann wurde dem anderen Kanu ein Signal gegeben, und nach einiger weiterer Diskussion hatte ich das Gefühl, dass wir uns dem Ufer näherten. Es gab ein kratzendes, schrilles Geräusch, gefolgt vom leisen Trampeln von Füßen auf einem sumpfigen Ufer; und dann zog mich eine Hand hoch und führte mich zur Landung.

„Der Strom läuft zu stark gegen uns", erklärte die Stimme von Padre Felipe. „Wir werden ein oder zwei Stunden ruhen und warten, bis sich die Lage ändert."

Sie entzündeten irgendwie ein Feuer und breiteten eine Decke auf dem feuchten Boden aus. Ich erinnere mich, dass Barbara und ich uns darauf ausstreckten und meinen Kopf an die Schulter der Dame legten – dann überkam mich die Müdigkeit.

Es kam mir so vor, als wäre ich im nächsten Moment aufgewacht; aber das Feuer war erloschen, und am Himmel schimmerten ein paar schwache Sterne. Als wir wieder an Bord gingen, herrschte eine seltsame Ruhe; denn der Wind hatte nachgelassen und das ganze Aussehen der Nacht hatte sich verändert. Überall um uns herum erhob sich ein schwach leuchtender Himmel über die dichte Horizontlinie, und der breite Busen des Flusses erbleichte in der Farbe geschmolzenen Bleis. Noch heller wurde der Himmel; Die dünnen Wolken zogen sich zurück, und die Sichel eines abnehmenden Mondes ergoss sich mit Glanz über uns. Und nun rasten unsere dunklen Piraguas über die Oberfläche eines silbernen Baches, und von jedem Paddelblatt tropften Diamanten.

Es ist ein edler Fluss, dieser San Juan, mit seinen breiten Bögen und Kurven. Manchmal erweitert er sich zu einem See und drängt sich dann wieder in die Ufer, als ob sein Wasser den Abdruck einer riesigen Hand ausfüllen würde, die in vergangenen Zeiten mit ausgestreckten Fingern schwer auf dem nachgiebigen Boden geruht hatte. Unterstützt von der starken Strömung glitten wir so schnell weiter, wie die Stunden vergingen. Unsere Gesichter waren jetzt nach Osten gerichtet, und ich wartete atemlos darauf, dass der Tag erwachte.

Der hauchdünne Himmel teilte sich langsam, als ob Dawns rosige Finger die Vorhänge ihrer Couch beiseite strichen; Dann glänzte goldenes Haar über ihre flaumigen Kissen. Ein langgezogener Seufzer erschütterte die stille Welt, und mit plötzlicher Verblüffung sahen wir –

– „die sich öffnenden Augenlider des Morgens."

Von Südwesten kam ein frischer Wind auf und fegte den blauen Himmel rein; und während die frühen Sonnenstrahlen auf den Wellen der Flut glitzerten, schossen die Kanus weiter zur Flussmündung. Plötzlich flog ein Reiher aus den Sümpfen auf und segelte mit seinen starken weißen Flügeln über unsere Köpfe hinweg. Als ich zusah, wie es weit hinter uns im Fluss verschwand, erblickte ich einen weiteren glänzenden Flügel, der sich langsam in den Himmel entfaltete.

Ich berührte den Arm des Padre und zeigte darauf.

"Ein Segel!" er sagte.

Unsere Kanus suchten schnell die Uferbiegung und krochen vorsichtig auf das unbekannte Schiff zu.

„Es kann kaum das Habana-Schiff sein", murmelte der Padre, „denn die *Virgen de la Mar* lag im Hafen vor Anker , als wir San Augustin verließen, und noch am Morgen war der Sturm aufgekommen, sodass sie sich kaum aufs Meer hinauswagen würde." ."

„Es gibt andere Schiffe mit Segeln, die zwischen der Festung und diesen Küsteninseln verkehren. Wir kamen an Bord eines von ihnen aus Santa Catalina", flüsterte ich.

„Ja", sagte der Pater, „aber das ist zu groß." Er hielt einen Moment inne und fügte dann hinzu: „Sehen Sie die langen, geraden Linien ihres Rumpfes und das quadratische Heck? Das ist keine spanische Galeere, sondern eine Fregatte englischer Bauart."

„Das ist die *Carolina* !" Ich rief: „Das ist die *Carolina* !"

„Oh! das gesegnete, gesegnete englische Schiff!" schluchzte die gute Dame.

Dann waren alle Kräfte darauf gerichtet, sie zu erreichen, denn es war offensichtlich, dass sie sich darauf vorbereitete, ihren Ankerplatz zu verlassen.

„Wenn wir den an Bord nur ein Zeichen geben könnten!" Ich weinte. „ Löse dein Halstuch, Barbara, und wedele damit – wedele damit im Sonnenlicht!"

„Wir sind zu nah am Ufer", sagte der Padre. „Sie kann uns kaum unterscheiden, bis wir ins Freie vorstoßen."

„Aber wie deutlich können wir ihre Besatzung erkennen! Und sehen Sie die Bewegung auf den Decks – lichten sie nicht den Anker? Oh, Padre Felipe!" Ich schrie mitleiderregend: „Winken Sie ihnen zu! Geben Sie ihnen ein Zeichen! Sonst werden sie uns doch verlassen!"

Der Mönch erhob sich vorsichtig; Auch er war von ganzem Herzen froh über die Chance, seine Schützlinge loszuwerden, und hatte keine Lust, sie sich entgehen zu lassen. Mit Barbaras weißem Kopftuch in der Hand wollte er gerade einen weiteren Versuch unternehmen, die Aufmerksamkeit der *Carolina auf sich zu ziehen* , als er plötzlich über die Schulter zum Land blickte, seine Hand schnell auf die Seite fiel und er mit einem … auf seinen Sitz zurückfiel Ausruf der Bestürzung.

Einer der Indianer stand sofort auf und blickte mit beschatteten Augen den Strand entlang, der sich nach Süden bis nach San Augustin erstreckte. Er gab ein zustimmendes Grunzen von sich und setzte sich, und die Bewegung der Paddel hörte auf.

"Was hast du gesehen?" Ich weinte vor Schmerz und kämpfte mich ebenfalls auf die Beine.

Wir waren so nah an der Flussmündung – fast auf den blauen Wellen des Ozeans, die sich nach Osten hin ausbreiteten! Im Windschatten der Nordküste lag das englische Schiff; und südlich von uns breitete sich die Küste mit ihrem glitzernden Sandstrand aus, zurück zu dem Gefängnis, das wir verlassen hatten. Aber was waren diese dunklen Gestalten, die im Sand wimmelten?

„Wir sind zu spät!" murmelte der spanische Mönch. „Als sie Ihre Flucht entdeckten, warteten sie nicht, wie ich erwartet hatte, auf ruhiges Wetter mit einem schnellen Segelschiff, sondern schickten einen Suchtrupp zu Fuß los, um Sie gleich zu Beginn einzuholen."

„Aber wir müssen die *Carolina erreichen* , bevor sie ankommen, Padre!"

„Das geht, ganz einfach", antwortete er, „aber was sollen ich und meine Anhänger tun, wenn wir gesehen werden? Mädchen, es steht zu viel auf dem Spiel! Ich entscheide mich dafür, den Zorn des Gouverneurs nicht auf mich zu ziehen. Das ist unwahrscheinlich." Sie bringen uns mit deinem Verschwinden in Verbindung, denn Doña Orosia hat geschworen, mich in dieser Angelegenheit zu beschützen. Ich habe getan, was ich konnte. Es ist bis hierhin und nicht weiter. Aber du kannst noch entkommen; es ist nur ein kleines Stück vom Schiff entfernt; nimm es Steigt die Paddel und macht euch auf den Weg dorthin.

Während er sprach, stieg er von unserem Kanu zu dem größeren, das sich uns angeschlossen hatte, und die beiden Indianer folgten ihm.

„Padre! Oh, Padre! Verlass mich nicht, verlass mich nicht!"

Sie schenkten meinem Appell keine Beachtung, außer dass sie unserem Kanu einen kräftigen Schubs gaben, der es in Richtung Mittelstrom hinausschleuderte; Dann ergriffen sie ihre Paddel und schickten mit schnellen Schlägen ihren eigenen Piragua den Fluss hinauf.

Es war alles so schnell vergangen – so plötzlich waren unsere Hoffnungen zerstört! Barbara und ich wurden durch den Schwung, der unserem gebrechlichen Boot verliehen wurde, nach vorne geschleudert, und wir kauerten einen Moment lang schweigend zusammen. Die Strömung trug uns immer noch hinaus; aber mit jeder Sekunde ließen unsere Bewegungen nach: Wir würden das Schiff niemals ohne unsere Anstrengung erreichen.

Ich schnappte mir ein Paddel und arbeitete energisch; aber das leichte Boot drehte sich nur immer weiter.

„Barbara!" Ich schrie: „Nimm das andere Paddel und arbeite mit mir. Ich kann nichts alleine schaffen!"

Die Dame gehorchte mir, schluchzte und betete leise; aber wir haben traurige Arbeit daraus gemacht.

Ich schaute zum Ufer und konnte sehen, wie unsere Verfolger immer näher kamen; Sie hatten uns noch nicht wahrgenommen, aber einen Augenblick später konnten sie es nicht verfehlen. Als sie noch näher kamen und auf seinem gesprenkelten Grauen in ihrer Mitte ritten, erkannte ich Melinza ! Bei ihm war eine Truppe spanischer Soldaten – ich sah das Sonnenlicht auf ihren Armen blitzen – und etwa zwanzig halbnackte Indianer, die so leicht herausschwimmen und uns an Land zurückziehen könnten!

„Sie sehen uns! Herrin Margaret, sie sehen uns!" schrie Barbara.

„Oh! Noch nicht, meine Dame, noch nicht!" Ich stöhnte und bewegte das Paddel wild.

„Die Engländer, mein Lamm – die Engländer sehen uns! Schau, sie setzen ein Boot vom Schiff ab!"

Es war wahr; aber bevor ich ein „Gott sei Dank!" aussprechen konnte Ein Schrei vom Ufer verriet uns, dass diese Unholde uns auch gesehen hatten. Barbara hätte vor Verzweiflung ihr Paddel fallen lassen, aber ich befahl ihr streng, so viel zu spielen, wie sie konnte. Was mich betrifft, ich tauchte meine Klinge mal auf die eine, mal auf die andere Seite; Der Trick dahinter war mir wie eine Inspiration gekommen; Meine Finger festigten ihren Griff und meine Arme bewegten sich mit der Kraft, die einem großen Schrecken entsprang.

Unsere Verfolger hatten das Flussufer erreicht und ein Schwarm dunkler Gestalten warf sich nun in den Bach. Aber das Langboot der Fregatte kam schnell auf uns zu; Ich sah weiße englische Gesichter und hörte aufmunternde Rufe in meiner Muttersprache.

Dann ertönte eine Musketensalve vom Land. Sofort reagierte die Fregatte; Ihre schweren Geschütze donnerten, und der weiße Rauch hüllte sie wie eine Wolke ein. Aber alle Schüsse scheiterten.

Das Langboot kam näher, doch näher kam der vorderste Schwimmer. Ich sah, wie seine braunen Arme die klare Flut durchschnitten, ich sah die weißen Augäpfel in seinem dunklen Gesicht glänzen. Freunde und Feinde waren jetzt so nahe beieinander, dass man sie vom Ufer aus nicht mehr unterscheiden konnte; Daher hörten die Schüsse auf und stattdessen erklangen wilde Flüche und wilde Schreie. Eine sehnige braune Hand erhob sich aus dem Wasser, ergriff die Kante unseres zerbrechlichen Kanus und kippte es weit nach vorne. Der plötzliche Ruck zerstörte mein Gleichgewicht und in einem Moment spürte ich, wie sich das Wasser über meinem Kopf zusammenschloss.

Starke Hände packten mich, als ich mich wieder erhob, und ich kämpfte erbittert; denn ich dachte, der Indianer hätte mich in seiner Gewalt, und ich entschied mich lieber für den Tod. Aber meine schwache Kraft wurde überwunden, und ich wurde – ja, Gott sei Dank! – in das englische Boot gehoben, und Meister Collins wischte mir das Wasser aus dem Gesicht.

Ich sah, wie sie auch die Dame hineinzerrten, und dann schloss ich meine Augen. Ich wurde nicht ohnmächtig – noch nie in meinem ganzen Leben war ich so lebendig gewesen; aber das Sonnenlicht und der blaue Himmel waren zu hell für mich.

Ich kann nicht viel darüber sagen, was folgte. Es gab noch ein paar Schüsse, und einer der englischen Matrosen ließ sein Ruder fallen und hob eine blutende Hand. Ich suchte nach meinem Halstuch, um es für ihn zu binden, konnte es aber nicht finden. Und dann schaute ich auf und sah die *Carolina* dicht neben uns. Ein schallender Jubel stieg in den Himmel, und freundliche Hände hoben mich auf das Deck. Das sonnenverbrannte Gesicht von Captain Brayne beugte sich über mich, und in seinen ehrlichen Augen standen Tränen.

KAPITEL XXII.

ES waren noch andere Frauen auf dem Schiff, und eine von ihnen trat vor und führte mich in ihre Kabine und half mir, mich von meinen durchnässten Kleidungsstücken zu befreien, und lieh mir stattdessen andere. Von ihr erfuhr ich, dass die „ *Carolina" direkt von* Barbados gekommen war und Fracht und einige sehr wenige Passagiere beförderte – der Lärm unserer Behandlung durch die Spanier schreckte viele ab, die es sonst gewagt hätten, sich der jungen Kolonie anzuschließen. Kapitän Brayne trug auch das Duplikat der Befehle des Spanischen Rates, die von England nach Barbados weitergeleitet worden waren ; und er war von ihren Lordschaften, den Eigentümern, angewiesen worden, in San Augustin anzuhalten und die Gefangenen abzuholen.

All das erzählte mir meine neue Freundin während ihrer freundlichen Fürsorge. Sie stellte auch viele Fragen zu meiner Flucht und der Behandlung, die ich während unserer langen Gefangenschaft erfahren hatte; aber ich war zu erschöpft, um diese ausführlich zu beantworten, und bat darum, mir eine Weile Zeit zum Ausruhen zu lassen. Dann ging sie weg, um mir vom Schiffsarzt einen beruhigenden Trank zu holen; und ich beeilte mich, das kleine Päckchen auszupacken, das in meiner Brust verborgen gelegen hatte und in dem sich die geschriebene Geschichte meines Gefängnislebens befand. Während ich die feuchten Seiten glättete, dachte ich darüber nach, wie ich es in die Hand meines lieben Geliebten legen und ihn alles lesen lassen würde, was meine Zunge ihm niemals sagen könnte!

Ich habe einige Stunden geschlafen und bin erfrischt aufgewacht. Dann kam eine Nachricht vom Kapitän, in der er fragte, ob ich ihn sehen würde. Ich wollte unbedingt draußen sein, und das aus vielen Gründen. Der wichtigste Grund war mein Wunsch, den zu sehen, von dem ich so lange getrennt war; Es war sein Gesicht, das ich unter den vielen vertrauten Gesichtern, die sich um mich drängten, zuerst suchte. Außer Kapitän Brayne erkannte ich, dass es sich bei anderen Offizieren der *Carolina* um dieselben handelte, mit denen ich vor fast zwei Jahren von den Downs aus gesegelt war. Alle meine Mithäftlinge – bis auf einen – begrüßten mich freudig und freundlich. Aber dieses eine fehlende Gesicht – wo war es?

Es lag mir auf der Zunge, nach Mr. Rivers zu fragen; Dann wurde mir plötzlich klar, *wie* wir uns getrennt hatten. Also! und er glaubte mir immer noch – das, was ich selbst gezeigt hatte. Er hatte seine Zweifel zwei ganze Tage und Nächte lang gehegt, und jetzt kam er nicht einmal mehr vor, um meine Hand zu berühren und mir Freude an meiner Flucht zu wünschen. Mir kam es so vor, als ob ich mitleidige Blicke zwischen den Zuschauern erhaschte. Haben sie abgewartet, wie Margaret Tudor die Apathie ihres Geliebten ertragen würde? Eine verlassene Magd!

Vor meinen Augen lag ein Nebel; aber ich lächelte und sagte jedem Einzelnen kleine, gnädige Dankesworte und wünschte in meinem Herzen, ich wäre tot. Oh meine Liebe! Alle Zweifel, die Sie an mir gehabt haben mögen, wurden in diesem grausamen Moment in vollem Umfang zurückgezahlt. Ich erinnerte mich an einige der harten Reden, die ich von der verbitterten Spanierin gehört hatte, und dachte bei mir: Alle Männer sind nach dem gleichen Muster geschaffen!

Kapitän Brayne und Master Collins sowie der gute alte Kapitän Baulk von den *Three Brothers* waren schon seit einigen Augenblicken in einer ernsthaften Unterhaltung; Und nun kam der Kommandant *der Carolina* zu mir, nahm mich sanft bei der Hand und führte mich zur Seite.

„Herrin Margaret", sagte er, „es gibt jemanden an Bord dieses Schiffes, für den Ihr Kommen Leben statt Tod bedeuten könnte. Er ist sehr krank – so krank, dass wir bis jetzt an ihm verzweifelt haben – und ein Name steht immer auf ihm Lippen. Bist du zu schwach und kraftlos, meine liebe junge Dame, um mit mir zu seinem Krankenbett zu gehen?"

So kam ich zur Wahrheit. Ich kann nicht darüber schreiben, was ich gefühlt habe.

„Bring mich zu ihm", sagte ich.

Er lag in seiner Koje; Seine großen Augen leuchteten vor Fieber, und er redete ununterbrochen, mal in gebrochenem Flüstern, mal mit stolzem Trotz in seiner heiseren Stimme.

„Gott weiß, was die Teufel ihm angetan haben", murmelte Henry Brayne . „Er war einst ein richtiger Mann, aber Hunger und schlechte Behandlung haben ihn in den Schatten gestellt!"

Ja, aber ein Schatten mit einer nagenden Trauer im Herzen.

„Sie können mich verspotten, Señor de Melinza ", flüsterte die gebrochene Stimme, „Sie können mich mit meiner Hilflosigkeit verspotten. Ich darf diese Bande nicht brechen, das ist wahr; aber Sie können auch nicht diejenigen durchtrennen, die die Liebe eines Menschen an mich binden Aufrichtiges englisches Dienstmädchen ... Das ist eine üble Lüge, Don Pedro, und ich werfe sie dir in die Zähne! steht gegen den Namen des Spaniers. Eines Tages wird die Abrechnung kommen, Señor – ich wage es, meine Seele darauf zu verwetten!... Ich werde es nicht glauben; nein! nicht auf Ihren Eid, Don Pedro!... Margaret, Margaret ! Sag ihm, dass er lügt, liebe Dame!... In Gottes Namen, sprich, Schatz!" Und obwohl ich neben ihm kniete und immer wieder seinen Namen rief, war er für meine Stimme taub und schritt mit

schwachen Händen an mich heran und schrie ständig: „Margaret! Margaret!"
bis ich dachte, mein Herz würde brechen.

Oh! der Schrecken dieses neuen Gefängniswärters – die schreckliche
Krankheit –, die ihn festhielt, während der Tod grimmig im Hintergrund
lauerte! Denn keine List oder Schmeicheleien von mir konnte sie bewegen
oder ihren Einfluss auf das Leben verlieren , das mir am meisten am Herzen
liegt. Als es nur noch Menschen gab, mit denen ich es zu tun hatte, verließ
mich mein Glaube und ich hörte auf zu beten; Jetzt war es meine Strafe, dass
nur Gottes Barmherzigkeit meine liebe Liebe befreien konnte – und es
könnte ihm eine Freude sein, ihn in einer anderen Welt loszulassen und mich
immer noch auf der Erde zurückzulassen, um seinen Verlust zu betrauern.

Als ich Stunde für Stunde seinen Schwärmereien zuhörte, wuchs in mir ein
tieferes Verständnis für die Schrecken seiner langen Gefangenschaft. Ich
konnte mich kaum zurückhalten, aufzuschreien, als ich daran dachte, wie ich
die Hand dieses abscheulichen Spaniers berührt und lächelnd zugehört hatte,
als er von Liebe zu mir sprach.

Wie schrecklich ist doch der Hass! Der Himmel verzeiht mir, aber ich glaube,
da ist etwas davon in meinem Herzen. Doch jetzt, wo das Fieber nachlässt
und mein Geliebter vom Rande des Grabes zu mir zurückkehrt, bete ich,
dass ich meinem Feind vergeben möge, so wie Gott mir in seiner Gnade
vergeben hat!

Er kennt mich endlich. Es war vor ein paar Stunden. Ich beugte mich über
ihn und ein Licht des Erkennens dämmerte in seinen Augen.

„Margaret! *Margaret!* Bist *du es* ? Ich habe eben geträumt – dass – dass du mir
untreu warst!"

„Hast du das, meine Liebe?" Ich antwortete. „Dann vergiss es und ruhe dich
aus; denn jetzt sind das Fieber und die Träume vorbei."

Er lächelte mich an und schlief ein wie ein kleines Kind.

In den langen Stunden, die ich neben ihm zusah, habe ich diese letzten Seiten
meiner Geschichte geschrieben; und irgendwann, wenn er wach und stark
genug ist, die Wahrheit zu ertragen, werde ich sie alle in seine Hand legen
und ihn hier in Ruhe lassen. Und ich denke, wenn er sie bis zum Ende gelesen
hat, wird er zwischen den Zeilen mehr von meinem Herzen erkennen, als ich
in Worte fassen kann.

www.ingramcontent.com/pod-product-compliance
Lightning Source LLC
Chambersburg PA
CBHW031747150726
47989CB00006B/2634